찾아라! 생명체가 살 수 있는
또다른 별,
제2의 지구

1판 1쇄 발행 2021년 1월 2일

글쓴이	박남희
그린이	김규준
편집	이용혁 이정희 이순아
디자인	문지현 오나경
펴낸이	이경민
펴낸곳	㈜동아엠앤비
출판등록	2014년 3월 28일(제25100-2014-000025호)
주소	(03737) 서울특별시 서대문구 충정로 35-17 인촌빌딩 1층
전화	(편집) 02-392-6901 (마케팅) 02-392-6900
팩스	02-392-6902
전자우편	damnb0401@naver.com
SNS	

ISBN 979-11-6363-321-1 (74400)

※ 책 가격은 뒤표지에 있습니다.
※ 잘못된 책은 구입한 곳에서 바꿔 드립니다.
※ 이 책에 실린 사진은 위키피디아, 셔터스톡에서 제공받았습니다.

도서출판 뭉치는 ㈜동아엠앤비의 어린이 출판 브랜드로, 아이들의 지식을 단단하게 만들어 주고, 아이들의 창의력과 사고력을 키워 주어 우리 자녀들이 융합형 창의 사고뭉치로 성장할 수 있도록 좋은 책을 만들겠습니다.

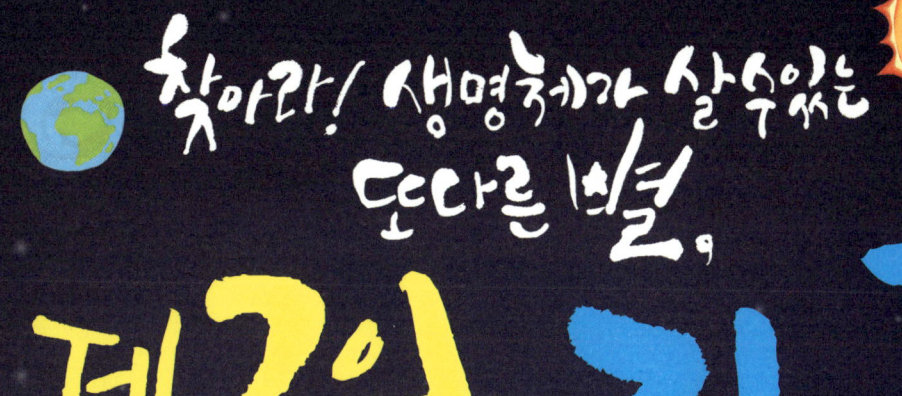

찾아라! 생명체가 살 수 있는 또 다른 별, 제2의 지구

글쓴이 박남희 그린이 김규준

또 다른 지구를 찾을 수 있을까?

펴내는 글

지구처럼 생명체가 살 수 있는 행성이 또 있을까?
제2의 지구 찾기는 왜 필요할까?

선생님의 질문에 교실은 일순간 조용해지기 시작합니다. 인내심이 한계에 다다른 선생님께서 콕 집어 누군가의 이름을 부르는 순간 내가 걸리지 않았다는 안도감에 금세 평온을 되찾지요. 많은 사람 앞에서 어떻게 말을 해야 할까 고민 한번 해 보지 않은 사람은 없을 겁니다.

사람들 앞에서 자신의 생각을 조리 있게 전달하는 기술은 국어 수업 시간에만 필요한 것이 아닙니다. 학교 교실뿐만 아니라 상급 학교 면접 자리 또는 성인이 된 후 회의에서도 자신의 의견을 분명히 표현할 수 있어야 합니다. 하지만 어디서부터 시작해야 할지 몰라 입을 떼는 일이 쉽지 않습니다. 혀끝에서 맴돌다 삼켜 버리는 일도 종종 있습니다. 얼떨결에 한마디 말을 하게 되더라도 뭔가 부족한 설명에 왠지 아쉬움이 들 때도 많습니다.

논리적 사고 과정과 순발력까지 필요로 하는 토론장에서 자신만의 목소리를 내려면 풍부한 배경지식은 기본입니다. 게다가 고학년으로 올라가서 배우는 수업과 진학 시험에서의 논술은 교과서 속의 내용만을 요구하지 않습니다. 또한 상대의 의견을 받아들이거나 비판하기 위해서도 의견의 타당성과 높은 수준의 가치 판단을 해야 하는 경우가 많은데, 자신의 입장을 분명히 하기 위해선 풍부한 자료와 논거가 필요합니다.

토론왕 시리즈는 사회에서 일어나는 다양한 사건과 시사 상식 그리고 해마다 반복되는 화젯거리 등을 초등학교 수준에서 학습하고 자신의 말로 표현할 수 있도록 기획

되었습니다. 체계적이고 널리 인정받은 여러 콘텐츠를 수집해 정리하였고, 전문 작가들이 학생들의 발달 상황에 맞게 스토리를 구성하였습니다. 개별적으로 만들어진 교과서에서는 접할 수 없는 구성으로 주제와 내용을 엮어 어린 독자들이 과학적 사고뿐만 아니라 문제 해결력, 비판적 사고력을 두루 경험할 수 있도록 하였습니다. 폭넓은 정보를 서로 연결 지어 설명함으로써 교과별로 조각나 있는 지식을 엮어 배경지식을 보다 탄탄하게 만들어 줍니다. 뿐만 아니라 국어를 기본으로 과학에서부터 역사, 지리, 사회, 예술에 이르기까지 상식과 사회에 대한 감각을 익히고 세상을 올바르게 바라보는 눈도 갖게 할 것입니다.

『찾아라! 생명체가 살 수 있는 또 다른 별, 제2의 지구』는 부모님을 찾으러 가는 '오늘이'의 이야기입니다. 오늘이는 원래 제주도에서 전해 내려오는 무속 신화 속의 여자아이인데, 옥황상제의 명을 받아 원천강을 지키고 있는 부모님을 찾아가요. 이 이야기 속의 오늘이도 인공 지능 로봇인 회색거미와 함께 미리내 3호를 타고 달, 화성, 푸른 별 등을 거치며 부모님을 찾아다니지요. 이 과정에서 행성들의 특징을 배우고 지구의 소중함도 느끼게 됩니다. 이 책을 읽은 어린이 독자들이 제2의 지구에 관해 정확한 정보를 얻고 관련 주제의 토론에서 자신 있게 말할 수 있다면 더 없이 소중한 시간이 될 것입니다.

편집부

차례

펴내는 글 · 4
제2의 지구 이름 짓기 · 8

1장 미리내 3호를 타고 우주로! · 11

지구를 떠나고 싶은 오늘이
미리내 3호가 나타나다
드디어 부모님을 찾아 떠나다

> 토론왕 되기! 먼 미래에 지구는 멸망할까, 그대로일까?

2장 달 두꺼비의 마중 · 31

달을 향해 가는 길
달 두꺼비의 사연

> 토론왕 되기! 달에서 식물을 키우면 잘 자랄까?

3장 화성에서 쟁기질하는 견우 · 53

부모님이 지나간 흔적을 찾아서
화성에서 만난 견우
화성을 떠나다

> 토론왕 되기! 화성에는 과연 생명체가 살고 있을까?

뭉치 토론 만화
아름다운 지구가 되기까지 · 75

4장 은하 별의 외계인 · 83

견우의 사연

삼족오의 등장

 제2의 지구 찾기는 계속 진행해야 하는가, 멈춰야 하는가?

5장 다시 지구로 · 107

은하수에 도착하다

안드로메다은하를 향해

드디어 부모님을 만나다

 제2의 지구 찾기는 실현될 수 있을까?

어려운 용어를 파헤치자! · 131
제2의 지구 관련 사이트 · 132
신 나는 토론을 위한 맞춤 가이드 · 133

미리내 3호를 타고 우주로!

 지구를 떠나고 싶은 오늘이

"할망, 숨을 쉴 수가 없어요. 캑캑. 공기가 너무 나쁘고 물도 마실 수가 없어요."

오늘이는 집으로 뛰어 들어가 산소마스크를 썼어요.

백주 할머니도 산소마스크를 쓰고 오늘이에게 맑은 물을 마시게 했어요.

"큰일이구나. 네가 태어날 때만 하더라도 공기가 좋고 들판은 푸르렀는데 말이다."

"할망, 지구를 떠나야 할까 봐요."

오늘이는 숨을 깊게 들이마셨어요. 산소마스크 안으로 신선한 공기가 들어왔어요.

"지구를 떠나면 어디로 가려고?"

할머니가 물었어요.

"모르겠어요. 다들 떠나야 한다고 하는데, 어디로 갈 것인지는 정하지 않았나 봐요."

오늘이는 고개를 갸웃했어요.

"오늘아, 이젠 때가 된 것 같구나. 부모님이 궁금하지 않니?"

"네? 그건……. 할망이 부모님 이야기를 한 번도 안 해 주셨잖아요."

오늘이는 할머니가 왜 갑자기 부모님 이야기를 꺼냈는지 의아했어요.

오늘이는 아주 어렸을 때 들판에 홀로 버려져 있었어요. 하늘에서 내려온 학이 오늘이를 따뜻하게 품어 주었는데, 그러다가 백주 할머니가 오늘이를 데려와서 지금까지 키워 주었지요.

"그건 네 부모님과 한 약속이 있어서란다. 네 부모님은 네가 부모를 찾을 수 있는 때가 되면 찾아오라고 했단다. 그때가 지금인 것 같구나."

"할망은?"

오늘이는 부모님을 찾아가

는 것도 좋지만 할머니를 두고 가고 싶진 않았어요.

"할머니는 여기 있어야지. 지구가 이 모양이 되었는데 나까지 가 버리면 안 되지. 들판이라도 옛날 그 모습이 되게 만들어야지. 암만."

할머니는 단호했어요.

그날 이후, 할머니는 오늘이에게 부모님을 찾아갈 마음의 준비를 하라고 말했어요. 무엇을 어떻게 준비할지 말해 주지도 않았어요. 다만 이상한 말만 하는 것이었어요.

"기다리면 돼. 네 부모님은 네가 찾아올 때가 되면 자연스럽게 모든 게 이루어질 거라고 했거든."

오늘이는 부모님이 어떤 분인지, 어디 사시는지 정말 궁금했어요.

미리내 3호가 나타나다

그러던 어느 날, 갑자기 들판에 강렬한 빛이 비췄어요.

이제 막 잠자리에 들려고 하던 오늘이는 눈이 부셔 일어났어요.

"할망! 눈을 뜰 수가 없어요. 이게 무슨 일일까요?"

할머니는 미리 알고 있었는지 색안경을 꺼내 끼고 오늘이에게도 씌워 주었어요. 할머니는 오늘이의 손을 끌고 밖으로 나갔어요.

"읍!"

오늘이는 깜짝 놀라 말문이 턱 막혔어요. 들판에는 커다란 용 한 마리가 빛을 뿜으며 길게 누워 있었어요. 겁이 나기도 하고 신기하기도 했어요. 특수한 색안경 덕분에 다행히 눈이 부시지 않았어요.

용은 정말 용이 아니라 용 모습을 한 기차였어요. 기차 문이 "지잉." 소리를 내며 열리더니 이상하게 생긴 회색 로봇이 나타났어요.

오늘이는 어정쩡하게 손을 흔들었어요.

"나는 회색거미라고 해. 너를 도와 네 부모님에게 데려다줄게."

오늘이는 거미처럼 생긴 로봇과 같이 가야 한다고 생각하니 내키지가 않았어요.

"할……, 할망이랑 가고 싶은데."

그러나 할머니는 손사래를 쳤어요.

"오늘아, 저 회색거미의 말을 들어. 난 갈 수 없단다."

할머니의 말이 끝나기가 무섭게 회색거미는 오늘이 앞에 홀로그램을 띄웠어요. 홀로그램에는 밤하늘이 펼쳐졌어요.

"아, 참. 이 용, 아니 이 기차처럼 생긴 것은 미리내 3호라고 해. 네가 부모님을 찾을 때쯤 자동으로 너에게 오도록 설정되어 있어."

회색거미가 말했어요.

오늘이는 할머니를 바라보았어요. 할머니가 고개를 끄덕였어요.

"네 부모를 찾으러 간다고는 하지만 사실은 이 지구를 탈출하는 거지. 이제 지구는 사람이 살기에는 너무 오염이 심해. 지금도 지구를 떠나 우주로 향하는 사람들이 많지만 아마도 네 부모가 사는 곳이 가장 살기 좋은 곳일 거야."

"그걸 어떻게 알아요?"

"음, 나는 가장 똑똑하고 튼튼한 인공 지능이거든."

"우리 부모님이 어디 있는지 알고 있단 말이에요?"

"아직은 몰라. 하지만 내가 찾은 자료에 의하면 네 부모님은 은하계에 있는 행성에 있을 가능성이 커. 이제 같이 부모님을 찾으러 여행을 떠나자."

"은하계? 행성?"

오늘이는 고개를 갸웃했어요.

"잘 봐, 우리가 살고 있는 곳은 태양계야. 태양계란 태양을 중심으로 돌고 있는 행성 등으로 구성된 천체를 말해. 수성, 금성, 화성, 목성, 토성, 천왕성, 해왕성이 바로 태양계 행성들이지."

"그럼 우리 부모님은 그런 행성 중 하나에 계시는 건가요?"

"그건, 음……, 우리가 찾아다니다 보면 알게 되겠지."

"그런데 왜 우리 부모님은 지구를 떠났어요?"

오늘이의 질문을 받은 회색거미는 당황했어요. 지금 막 태양계에 있

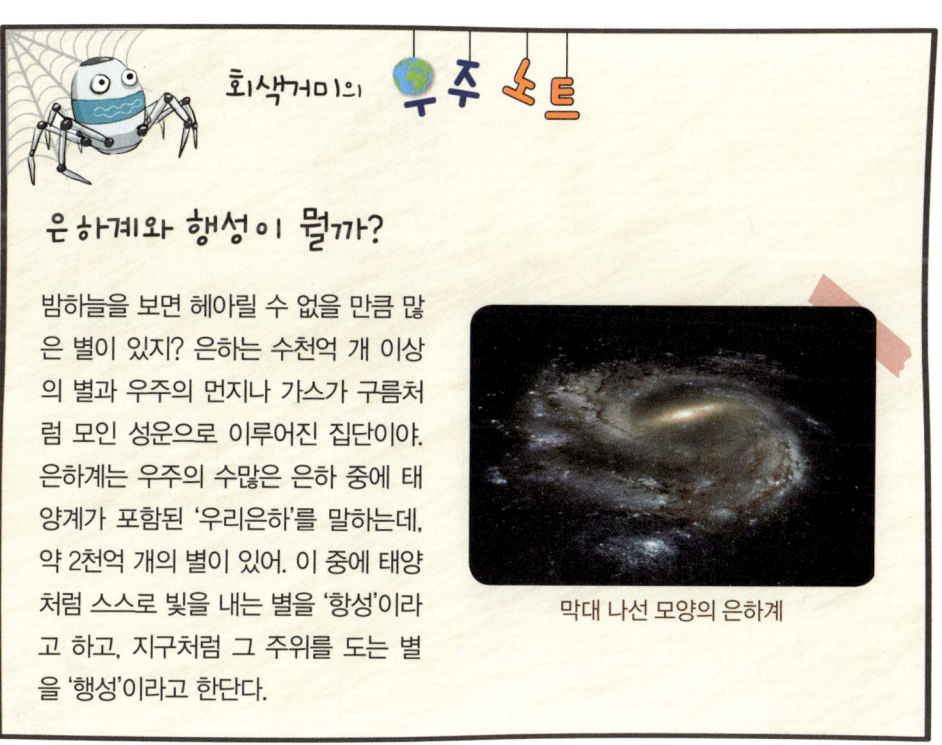

막대 나선 모양의 은하계

회색거미의 우주 노트

은하계와 행성이 뭘까?

밤하늘을 보면 헤아릴 수 없을 만큼 많은 별이 있지? 은하는 수천억 개 이상의 별과 우주의 먼지나 가스가 구름처럼 모인 성운으로 이루어진 집단이야. 은하계는 우주의 수많은 은하 중에 태양계가 포함된 '우리은하'를 말하는데, 약 2천억 개의 별이 있어. 이 중에 태양처럼 스스로 빛을 내는 별을 '항성'이라고 하고, 지구처럼 그 주위를 도는 별을 '행성'이라고 한단다.

는 행성들의 특징을 설명할 차례였거든요.

"너희 부모님은 제2의 지구가 필요할 것이라는 선견지명이 있었던 거지. 선견지명이란 말이야……."

"나도 알아요. 미리 내다보고 아는 걸 말하는 거죠. 우리 부모님이 그렇게 선견지명이 있었으면 왜 난 안 데리고 갔나요?"

오늘이는 시무룩해졌어요.

"그건 말이야. 내가 장담할 수 있어. 제2의 지구가 너한테 위험한 곳일 수도 있고 또, 만약 발견했다 하더라도 사람들이 살 만한 곳으로 만들기 위해선 시간과 노력이 들지. 그래서 너를 할머니한테 맡기고 가신 거야."

"그런데 이제 너를 맞아들일 수 있는 준비가 된 거지."

가만히 있던 할머니가 말했어요.

"그걸 어떻게 알아요? 할망."

오늘이가 물었어요.

"처음 너를 봤을 때 네 몸에는 기다란 더듬이 같은 것이 붙어 있었다. 혹시라도 친구들에게 놀림을 받을까 봐 떼어 내어 장롱 속에 넣어 두었지. 그런데 어느 날, 더듬이에서 빛이 나기 시작했어. 네가 학교에 가고 나 혼자 있을 때였지."

할머니의 이야기는 신기하기까지 했어요. 오늘이도 회색거미도 가만히 할머니의 이야기에 귀를 기울였어요.

"더듬이를 내 머리에 붙였더니 말소리가 들렸어. 바로 너의 부모님이었지. 네가 학교에 가고, 네가 친구를 사귀고, 네가 싸우고 와서 울던 날도 모두 네 부모님에게 말을 해 줬지. 하지만 네 부모님은 자신들이 있는 곳은 네가 올 수 없는 곳이라 했어. 오늘이가 와서 살 수 있는 곳을 만들기 위해 노력하고 있다고 했지."

할머니는 지나간 일들을 생각하는 듯 잠시 입을 다물더니 다시 말을 꺼냈어요.

"네가 부모를 찾아갈 때면 모든 게 준비될 거라고 했어. 그게 저 용

기차와 회색거미인 게야."

"할망. 도대체 무슨 말을 하는 거야? 나한테 더듬이가 어디 있다고."

할머니는 주머니에서 더듬이를 꺼내 머리에 썼어요.

"흐흐, 어때? 예쁘지? 할망은 이걸로 삼신할머니와 통화를 한단다. 삼신할머니는 하늘에서 아기를 점지하고 지켜 주잖니? 사실 난 삼신할머니의 수제자란다."

오늘이는 할머니의 말에 깜짝 놀랐어요.

"그럼, 나랑 같이 갈 수 있겠네. 가다가 할망은 삼신할머니를 만나러 가면 되잖아."

오늘이는 할머니가 같이 가면 든든할 것 같았어요.

"아니다. 나는 너를 키우면서 세상의 모든 기쁨과 행복을 맛보았단다. 이 더듬이가 있으면 네가 어디에 있든 나와 연결될 거다. 회색거미가 함께 있으니 아무 걱정 말고."

할머니가 더듬이를 살짝 만지자 반짝 빛이 났어요.

드디어 부모님을 찾아 떠나다

오늘이는 먼 하늘을 바라보았어요. 하늘은 며칠 전부터 뿌연 황토색 먼지가 잔뜩 끼어 있었어요. 사람들은 특수 마스크 없이는 한 발자국도 나가지 못했어요.

다행히 들판은 마치 다른 세상처럼 맑은 공기가 장막처럼 드리워져 있었어요. 오늘이는 비로소 자신이 살고 있는 들판이 세상과는 조금 다른 곳이라는 걸 느꼈어요.

"음, 자 그러니까 오늘이가 부모님을 찾아가야 한다는 사실은 변함이 없고, 할머니는 이곳에 남아 계셔야 한다는 것도 이해가 됐지?"

회색거미가 말했어요.

오늘이는 할머니를 바라보았어요.

"괜찮다. 아직 이 들판의 공기며 숲은 쓸 만하단다."

할머니가 오늘이를 다독였어요.

그때 회색거미가 말을 꺼냈어요.

"자, 그럼. 우리가 가야 할 곳이 어딘지, 아니 우리가 살고 있는 지구별이 어디쯤 위치하고 있는지 먼저 알아보도록 하자."

회색거미의 다리에서 기다란 봉이 튀어나왔어요.

"여기 태양을 중심으로 돌고 있는 행성들이 보이지? 태양과 가장 가까운 곳에 있는 순서대로 보면 수성, 그다음이 금성, 그다음이 지구야. 자, 생각해 봐. 태양과 가까이 있으면 얼마나 뜨겁겠어? 그러니까 우리는 수성과 금성은 통과하자고. 지구도 우리가 사는 곳이니까 통과."

회색거미가 말했어요. 오늘이는 고개를 끄덕였어요.

"지구와 가장 닮았을 거라고 추측이 되는 화성은 좀 가 볼 필요가 있어. 지금도 화성에 대한 연구를 엄청나게 하고 있는데, 혹시 그곳에 너의 부모님이 살고 있을 수도 있거든."

오늘이는 그 말에 눈이 번쩍 띄었어요.

"참, 내가 이야기했던가? 오늘이 네 부모님이 살고 있는 곳이 원천강이라는 곳이라더구나."

"여긴 달이야. 우리가 또 달을 안 가 볼 수 없지. 달은 인류가 맨 처음으로 사람을 보낸 천체이기도 하니까."

"그럼 태양계에서는 달과 화성에 가 볼 거예요?"

오늘이가 물었어요.

"음, 지금 계획으로는 그래. 하지만 은하계에는 더 많은 행성들이 있으니까 그곳에서 보내는 시간이 더 많을 수도 있어."

회색거미의 말에 오늘이는 정말 부모님을 찾으러 간다는 사실이 실감났어요.

"푸와아아앙~"

갑자기 미리내 3호가 머리 부분에서 연기를 내며 이상한 소리를 냈어요.

"이크, 시간이 되었나 보다. 미리내 3호는 지구에서 오래 머물 수 없게 설계되었거든."

오늘이는 할머니와 작별해야 하는 시간이 다가온 것을 느꼈어요.

"자, 오늘아. 이 가방을 가지고 가거라. 네게 필요한 것은 모두 이 가방 안에 있다. 회색거미가 널 보살펴 줄 테지만 혹시라도 도움이 필요

인류의 달 탐사 역사

사람들은 오랫동안 달에 가는 꿈을 꾸었어. 과학 기술이 오늘날처럼 발전되기 전에는 그건 꿈에서만 가능한 일이라고 여겨졌지. 그런데 정말로 그 꿈이 이루어졌어. 인류의 달 탐사는 1950~1970년대 미국과 소련(러시아의 옛 이름)의 우주 탐사 경쟁으로 본격화되었어. 1959년 9월에 소련은 무인 우주탐사선 루나 2호를 발사했는데, 인류 역사상 처음으로 달과 접촉했어. 같은 해 루나 3호는 달의 뒷면을 촬영해 전송하는 데 성공했지. 1966년 2월에는 루나 9호가 처음으로 달 표면에 착륙해 사진을 전송했단다. 경쟁에서 뒤처진 미국은 1964~1968년, 세 차례에 걸쳐 무인 착륙선과 궤도선을 달에 보내 많은 정보를 수집했지. 1969년 7월에는 미국 항공 우주국(NASA)에서 쏘아 올린 아폴로 11호가 처음으로 사람을 태우고 달 착륙에 성공했어. 우주 비행사인 닐 암스트롱과 버즈 올드린은 달 착륙선 '이글'을 타고 인류로서는 맨 처음으로 달 표면에 발을 내딛었단다.

닐 암스트롱이 달에 착륙한 동료 버즈 올드린을 찍은 사진

하면 가방 안에 있는 작은 주머니를 보거라."

할머니는 다섯 가지 색깔이 있는 가방을 오늘이에게 건넸어요.

"할망, 꼭 돌아올게요. 그때까지 이 들판을 잘 지키고 계세요."

오늘이는 할머니를 꼭 안아 주었어요.

회색거미가 먼저 미리내 3호에 올라탔어요. 회색거미가 오늘이에게 빨리 타라고 재촉했어요. 오늘이는 할머니가 주신 가방을 메고 미리내 3호에 올라탔어요. 순식간에 미리내 3호는 하늘로 솟구쳤어요. 금방 들판이 멀어졌어요. 할머니의 모습도 점이 되어 보이지 않았어요.

오늘아...

태양계에는 어떤 행성들이 있을까?

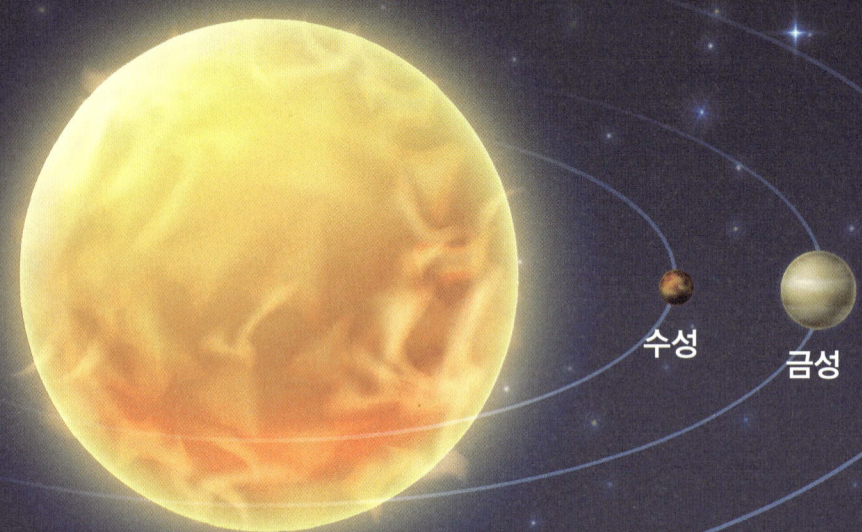

수성 금성

태양
지름이 약 140만 km로 지구의 109배, 질량은 지구의 약 33만 배이다. 둥글게 보이는 표면은 '빛나는 공'이라는 뜻의 광구라고 부르며, 온도는 6000℃ 정도로 매우 뜨겁다. 흑점과 쌀알 무늬가 있다. 매우 두꺼운 대기층인 '채층'이 광구를 둘러싸고 있으며 채층 바깥에 수백만 km에 이르는 대기층을 '코로나'라고 부른다. 태양의 대기층에서는 거대한 불기둥이 치솟는데 이를 '홍염'이라 한다.

수성
태양에서 가장 가깝고, 태양계에서 가장 작은 행성. 공전 속도가 빨라서 지구가 태양을 한 바퀴 돌 때 수성은 네 바퀴를 돈다. 대기가 거의 없어서 낮과 밤의 온도 차가 매우 크다. 낮에는 영상 400℃ 이상, 밤에는 영하 150℃ 이하로 내려가서 사람이 살기 어렵다.

금성
지구와 크기가 비슷하며 두꺼운 대기층이 태양 빛을 반사하여 지구에서 가장 밝게 보인다. 대기가 대부분 이산화탄소라 극도의 온실 효과 때문에 표면 온도는 수성보다 더 높은 500℃에 가깝다. 다른 행성들과 달리, 금성은 동쪽에서 서쪽으로 자전한다.

지구
물과 풍부한 산소가 있으며, 대기의 온실 효과로 생명체가 살 수 있는 행성이다. 자전축을 중심으로 하루에 한 번씩 스스로 돌며, 태양 주위를 1년에 한 바퀴씩 도는 공전을 한다.

화성
지구와 자전 주기가 비슷하며 이산화탄소로 구성된 희박한 대기가 있다. 과거에 물이 흘렀던 흔적과 화산 활동 흔적이 있다. 토양에 산화철 성분이 있어 표면이 붉게 보이며, 양극에는 드라이아이스와 얼음으로 된 극관이 있다.

지구형 행성과 목성형 행성

✦ **지구형 행성** : 수성, 금성, 지구, 화성을 말한다. 크기가 작지만 표면이 암석으로 이루어져 밀도가 높기 때문에 크기에 비해 무겁다. 위성이 없거나 적으며 행성을 둘러싼 고리가 없다.

✦ **목성형 행성** : 목성, 토성, 천왕성, 해왕성이다. 지구형 행성보다 훨씬 크지만, 기체나 액체로 이루어져 있기 때문에 밀도가 낮아 가볍다. 위성이 많으며 고리가 있다.

구 　 화성 　 목성 　 토성 　 천왕성 　 해왕성

목성
지름이 지구의 11배가 될 만큼 태양계에서 가장 크고 무거우며, 주로 수소와 헬륨으로 이루어진 거대한 기체 덩어리이다. 자전 주기가 10시간으로 속도가 가장 빠르며, 79개의 위성을 가지고 있다. 표면 곳곳에서 강한 폭풍이 휘몰아친다.

토성
가벼운 기체로 이루어져 있어서 크기(지구의 9배)에 비해 가볍다. 크고 작은 얼음 덩어리로 이루어진 고리가 뚜렷하게 보인다. 토성의 위성은 60개가 넘는데, 이중 바람과 비 같은 기상 현상이 일어나는 위성도 있다. 그곳에 생명체가 살 수도 있다고 추측한다.

천왕성
태양계에서 세 번째로 크지만 지구에서 멀리 떨어져 있어 맨눈으로는 보이지 않는다. 1781년 천문학자인 허셜이 망원경으로 발견했다. 대기에 있는 메테인 성분이 햇빛에 반사되어 푸른색을 띤다. 태양 에너지를 거의 받지 못해 태양계에서 가장 추운 행성이다.

해왕성
태양계의 가장 바깥에 있으며, 천왕성처럼 대기의 성분 때문에 푸른색을 띤다. 거대한 폭풍이 일어나는 대흑점이 있다. 내부는 대부분 얼음과 암석으로 이루어져 있으며, 천왕성과 달리 태풍 등 기상 현상이 발생한다.

먼 미래에 지구는 멸망할까, 그대로일까?

다음은 '지구의 미래가 희망적이냐, 절망적이냐'를 주제로 벌인 친구들의 토론 중 일부입니다.

상미 오늘날 지구상에는 약 78억 명의 사람들이 살고 있고 해마다 증가하고 있습니다. 인구 증가 때문에 더 많은 땅에 농사를 짓고 가축을 키우게 되면서 지구가 오염되고 있습니다. 그리고 지구의 환경 오염은 점점 더 빨라질 것이라고 합니다. 우리가 미래를 생각하지 않고 지금처럼 산다면 지구의 미래는 어둡습니다.

준수 그럼, 그렇게 오염될 동안 인간은 아무것도 하지 않는단 말씀입니까? 사람들은 오염된 물을 정화시키고 온난화를 방지하기 위해 전 세계적으로 노력을 하고 있습니다. 지구 환경 변화에 적극적으로 대처하고 지혜롭게 잘 해결해 나갈 것입니다.

소미 하지만 인간은 결코 자연을 이길 수 없습니다. 얼마 전 뉴스에서 북극의 빙하가 녹아내리는 장면을 보았습니다. 지구 온난화는 쉽게 막지 못할 것입니다. 중국 내몽고에서는 사막화된 땅 때문에 가축을 먹이지 못한다고 합니다. 가축이 사라지면 인간도 사라질 것입니다.

영완 너무 극단적인 발언 아닙니까?

소미 아닙니다. 책에서 봤습니다.

창희 과학 기술은 그보다 더 빠른 속도로 발전할 것입니다. 미래에는 가축이 없어도 고기를 만들어 낼 수 있다고 합니다. 대기 오염에 대해서도 걱정하는데 대기 오염을 방지하기 위한 자동차를 개발하고 있고 연료도 개발하고 있는 것으로 알고 있습니다.

상미 과학의 발전으로 이룰 수 있는 것도 있고 이룰 수 없는 것도 있습니다. 환경이 오염되면 각종 질병도 새롭게 나타납니다. 질병은 인구수를 점점 줄일 것입니다. 지구에 사람이 살지 않으면 멸망하는 거 아닙니까?

준수 왜 멸망한다고 말합니까? 지구의 미래를 긍정적으로 생각하면 좋지 않습니까?

상미 아무런 대안도 없이 좋다고만 하면 어떡합니까? 비닐 같은 거 아무 데나 버리고 연료도 함부로 쓰고, 일회용품을 많이 쓰고, 나무도 막 베고 하면 땅이 오염되고, 숲도 사라지고. 지금도 그런 일이 벌어지고 있는데 어떻게 긍정적으로 생각합니까?

선생님 여러분, 토론을 할 때는 상대방의 말도 잘 경청해야 되는 거 알죠? 여러분들 말 다 일리가 있어요. 지구 온난화와 사막화로 지구 환경은 오염되고 삶의 방식 변화로 새로운 질병도 생기고 있어요. 하지만 그러한 것들을 최소화하려고 노력하고 있는 것도 사실이지요. 지구의 미래는 결국 여러분의 손에 달렸어요. 지구가 멸망할지 아니면 더 나은 지구가 될지는 여러분이 어떻게 행동하는가에 따라 달라질 거예요. 오늘 토론한 것을 잘 새기고 생활하면 좋겠어요.

여러분은 지구의 미래가 어떠할 것이라고 생각하나요? 지구는 멸망할까요? 아니면 영원히 계속될까요?

알맞은 행성 찾기

내가 오늘이에게 이야기해 준 행성에 대한 정보를 잘 읽어 보았지? 그럼 다음 설명에 맞는 행성을 찾아 선으로 이어 보렴.

1 태양에서 가장 가깝고, 태양계에서 가장 작은 행성. 공전 속도가 빨라서 지구가 태양을 한 바퀴 돌 때 이 행성은 네 바퀴를 돈다.

수성

2 지구와 자전 주기가 비슷하며 이산화탄소로 구성된 희박한 대기가 있다. 과거에 물이 흘렀던 흔적과 화산 활동 흔적이 있다. 토양에 산화철 성분이 있어 표면이 붉게 보인다.

금성

3 가벼운 기체로 이루어져 있어서 크기에 비해 가볍다. 크고 작은 얼음 덩어리로 이루어진 고리가 뚜렷하게 보인다. 60개가 넘는 위성을 거느리고 있다.

화성

4 지구와 크기가 비슷하며 두꺼운 대기층이 태양 빛을 반사하여 지구에서 가장 밝게 보인다. 대기가 대부분 이산화탄소이며, 표면 온도가 너무 높아서 사람이 살 수 없다.

토성

정답: 1. 수성 2. 화성 3. 토성 4. 금성

2장
달 두꺼비의 마중

🪐 달을 향해 가는 길

미리내 3호 안은 정말 근사했어요. 폭신한 의자와 공중에 그네처럼 떠 있는 캡슐 침대가 있었어요. 오늘이는 속도감을 전혀 느낄 수 없는 미리내 3호의 속력이 궁금했어요.

"회색거미, 지금 우리는 시속 몇 ㎞로 달리는 거…예…요?"

오늘이는 회색거미에게 존댓말을 해야 할지 반말을 해야 할지 아리송했어요.

"후후, 오늘아, 그냥 말 편하게 해. 난 인간도 아니고 너보다 나이가 많은 것도 아니니까."

회색거미도 오늘이의 존댓말이 어색한 것 같았어요.

"달린다고 했니? 쏜살같이 날아간다고 해야 될 걸? 아무튼 달에 도착하려면 시간이 좀 걸리니까 그동안 달에 대한 공부를 할까?"

"고…공부?"

오늘이는 여행을 하면서 공부를 하게 될 줄은 몰랐어요.

"그런데 왜 첫 목적지가 달이야?"

"네 부모님이 달을 거쳐 갔을 거라는 생각 때문이야. 우주를 알려면 그 첫 단계는 달이야. 아까도 말했지만, 달은 인간이 제일 먼저 탐험을 한 천체이기도 해. 또 달에는 많은 이야기도 숨어 있지. 어쩌면 여기에서 부모님이 어디로 가셨는지 단서를 찾을 수도 있어."

회색거미는 세 번째 다리에서 거미줄을 쑥 뽑았어요. 거미줄은 순식간에 동그란 달을 만들었어요. 분화구의 움푹한 모습까지 그대로 보였어요.

"넌 못 하는 게 없구나."

오늘이의 칭찬에 회색거미는 우쭐하며 고개를 치켜들었어요.

"달은 지구와 비슷한 시기에 생겼거나 지구가 생긴 바로 다음에 생겼을 거라고 말하는 학자들이 많아. 왜냐하면 달에서 채취한 암석이 얼마나 오래되었는지 조사했더니니 약 45억 1000만 년 정도 된 것으로 나타났어. 지구가 약 45억 6000만 년 전에 만들어졌으니까 거의 비슷한 시기에 생겨났다고 보는 거지."

회색거미는 아폴로 우주선이 달에 도착해서 암석을 채취하는 과정을 보여 주었어요.

"그럼, 달에 사는 옥토끼는 아직도 있을까?"

오늘이는 아직도 옥토끼가 절구를 찧고 있는지 궁금했어요.

"음, 그건 알 수 없지. 워낙 많은 사람들이 달을 탐사하고 여기저기 돌아다녔으니까 안 들키고 지금까지 숨어 있다면 뭐, 만날 수도 있고."

회색거미는 어쩐지 자신 없는 표정을 지었어요.

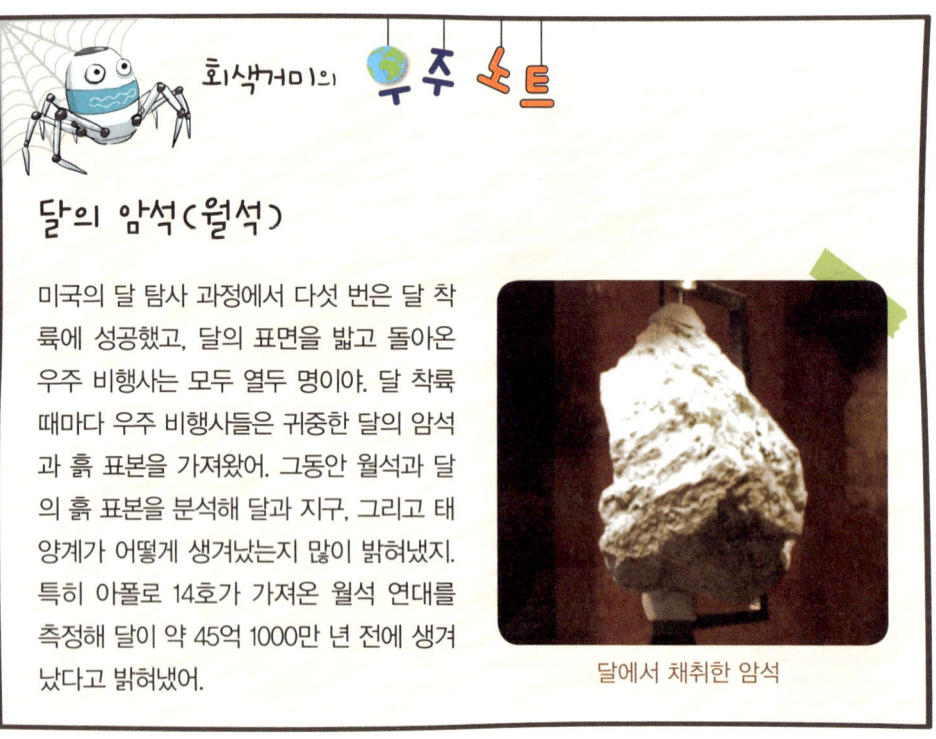

회색거미의 우주 노트

달의 암석(월석)

미국의 달 탐사 과정에서 다섯 번은 달 착륙에 성공했고, 달의 표면을 밟고 돌아온 우주 비행사는 모두 열두 명이야. 달 착륙 때마다 우주 비행사들은 귀중한 달의 암석과 흙 표본을 가져왔어. 그동안 월석과 달의 흙 표본을 분석해 달과 지구, 그리고 태양계가 어떻게 생겨났는지 많이 밝혀냈지. 특히 아폴로 14호가 가져온 월석 연대를 측정해 달이 약 45억 1000만 년 전에 생겨났다고 밝혀냈어.

달에서 채취한 암석

 오늘이는 부모님이 어디로 가셨는지 단서를 찾을 수 있는 첫 번째 장소인 달에 가는 것이 너무나 기대되었어요.

 미리내 3호의 속도는 알 수 없었어요. 제자리에 있는 것 같은 느낌이 들 정도로 흔들림이 없었어요.

 "그런데 이 기차는 어떻게 가는 거야?"

 오늘이가 물었어요.

 "기차라고? 뭐 기니까 기차라고 할 수도 있겠지만, 미리내 3호는 아주 특별하게 설계된 이동 수단이야. 명령이 있을 때만 움직이지."

회색거미는 여덟 개의 다리를 쓱쓱 닦으며 밖을 내다봤어요. 오늘이도 작은 창을 통해 밖을 내다보았어요. 끝없이 펼쳐진 캄캄한 우주가 보였어요.

"어, 그런데 커다란 공 같은 게 떠다니고 있어!"

오늘이가 깜짝 놀라 소리쳤어요.

"맞아, 저건 행성이야. 항성 주위를 돌고 있지."

"그런데 저 행성들은 빛이 나지 않는데?"

"스스로 빛을 내는 건 행성이 아니라 항성이야. 행성이 빛이 나는 것처럼 보이는 건 항성의 빛을 받아 반사하기 때문이지."

"항성은 어떤 게 있어?"

"태양계에서는 태양이 항성이고 지구나 다른 별들은 행성이야."

회색거미의 말이 끝나기가 무섭게 미리내 3호가 심하게 흔들렸어요.

오늘이는 깜짝 놀라 회색거미를 붙잡았고, 회색거미는 재빨리 오늘이를 안고 거미줄을 뻗어 벽에 몸을 고정시켰어요.

미리내 3호는 힘을 빼고 바람에 몸을 맡기듯 출렁출렁 흔들렸어요. 그 바람에 안에 있는 오늘이와 회색거미는 춤을 추는 것처럼 이리저리 흔들거렸지요. 오늘이도 긴장을 풀고 흔들리는 대로 몸을 맡겼어요. 조금 뒤 미리내 3호는 다시 안정을 되찾았어요.

"승객 여러분, 죄송합니다. 갑자기 태양풍이 불어 몹시 흔들렸습니다."

안내 방송이 나왔어요.

회색거미도 오늘이를 내려 주고 잠시 숨을 골랐어요.

"어, 누가 방송하는 거지? 미리내 3호를 조종하는 사람이 있어?"

"아니, 미리내 3호가 상황을 파악해서 안내하는 거야."

회색거미가 말했어요.

"그런데 태양풍이 뭐야?"

오늘이는 미리내 3호가 말한 태양풍이 무엇인지 궁금했어요. 우주 한복판에서 맞게 되는 바람은 지구의 바람과 달라 보였어요.

"태양풍은 쉽게 말해 태양에서 눈에 보이지 않는 아주 작은 물체가 뿜어져 나오는 것을 말하는데, 마치 지구의 바람과 같다고 해서 태양풍이라고 불러. 태양풍에는 빠른 태양풍과 느린 태양풍이 있는데, 지금은 조금 빠른 태양풍이 순식간에 지나간 것 같아. 그래도 안심해. 미리내 3호는 우주의 그 어떤 변화에도 잘 대처하도록 설계되어 있으니까."

오늘이는 우주에서 일어나는 많은 일들이 궁금해졌어요.

"자, 이제 조금 있으면 달에 도착할 거야. 이 렌즈를 껴. 이걸 끼고 네가 찍고 싶은 것을 바라보면 네 머릿속에 저장이 돼. 그리고 네가 보고 싶을 때 언제든 볼 수 있어."

회색거미는 동그란 렌즈를 오늘이 눈에 끼워 주었어요. 그러자 마치 사진기를 들여다보고 있는 것처럼 모든 것이 선명하게 보였어요.

"승객 여러분, 달에 도착했습니다. 달에서 즐거운 시간 보내시기 바랍니다. 탑승하고자 하시면 이곳으로 다시 모시러 오겠습니다."

미리내 3호는 회색거미와 오늘이를 내려놓고 어디론가 가 버렸어요.

회색거미의 우주 노트

태양에서 불어오는 바람, 태양풍

태양의 대기 활동이 활발해지면 흑점에서 폭발이 일어나 엄청난 에너지가 쏟아져 나오는데 이걸 '플레어'라고 해. 이 플레어가 일어나면 엑스선, 자외선 등 엄청난 양의 전자기파가 대단히 빠른 속도로 뿜어져 나와. 이를 태양풍이라고 부르지. 태양풍은 지구를 비롯해서 태양계 행성에 부딪치는데, 강력한 태양풍은 지구에 영향을 주기도 하지. 태양풍이 지구 자기장을 흔들어 무선 통신이 끊기거나 하는 현상이 일어나는 경우가 있어. 그리고 북극이나 남극의 대기권 입자들과 부딪쳐 극광(오로라)이라고 불리는 아름다운 빛의 모습을 연출하기도 한단다.

태양풍

북대서양의 섬나라 아이슬랜드 상공에 나타난 오로라 현상

🪐 달 두꺼비의 사연

달은 늦은 저녁처럼 어두웠어요. 땅은 사막처럼 바싹 말라 있었지요.

"너무 어두워."

오늘이는 회색거미를 바라보았어요.

"아마 태양 반대쪽이라 그럴 거야. 조금만 있으면 다시 밝아질 거야. 네 눈에 있는 렌즈는 주변 빛의 양에 따라 자동으로 밝기를 조정해 줘."

회색거미의 말대로 조금 있으니 주위가 환하게 보였어요. 달은 아무도 살지 않는 것처럼 조용했어요.

"옥토끼님, 어디 계세요?"

오늘이가 손나팔을 만들어 소리쳤어요.

"……."

"아무도 없나 봐."

"글쎄. 이곳에 골디락스 존이 있다면 생명체가 있을 텐데……."

회색거미는 머리 위로 기다란 더듬이를 뽑았어요.

"찌찌찌지."

더듬이에서 이상한 소리가 나며 이리저리 휘어졌어요.

"으윽으그."

어디선가 신음 소리가 들렸어요.

 회색거미의 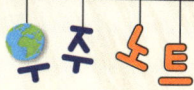 우주 노트

골디락스 존

영국의 동화 《골디락스와 세 마리 곰》에서 유래된 말로, 너무 뜨겁지도, 차갑지도 않은 상태를 일컫는 말이야. 우주에서는 생명체가 살기에 적당한 구역을 말해. 태양계에서 골디락스 존에 있으면서 실제로 생명체가 살고 있는 유일한 행성이 우리가 살고 있는 지구야. 지구와 비슷한 조건을 갖춘, 생명체가 살 수 있는 행성을 골디락스 행성이라고 불러. 2011년 12월에 미국 항공우주국에서는 케플러 우주 망원경을 통해 태양 같은 항성을 도는 케플러-22b 행성을 발견했다고 발표했어. 케플러-22b 행성은 지구처럼 표면에 물이 있고 생명체가 살기 좋은 22°C 정도의 기온을 가지고 있는 것으로 분석됐어. 이 행성은 지구에서 600광년 떨어진 시그너스 성단에 위치해 있어.

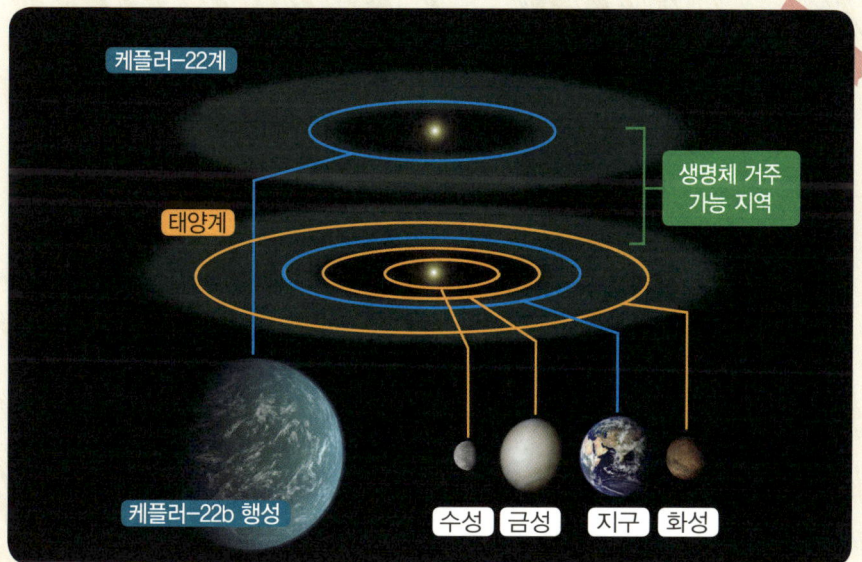

골디락스 지역 주변에서 도는 케플러-22b 행성과 태양계의 행성을 비교한 그림.
(자료: 미국 항공 우주국)

"누구세요? 누가 있어요?"

오늘이는 주위를 두리번거렸어요.

"꼬구락 꼬구락 까굴."

오늘이 앞에 나타난 것은 두꺼비였어요.

"뭐야? 웬 두꺼비야?"

오늘이는 깜짝 놀랐어요. 회색거미도 깜짝 놀라 뒷걸음질쳤어요.

두꺼비가 말했어요.

"나는 여기에서 사는 두꺼비야. 금방 가 버릴 사람들인가 했는데 너흰 좀 오래 있을 거니?"

"혹시 이곳에 우리 부모님이 다녀가셨니?"

"네 부모님? 어떻게 생기셨는데?"

오늘이는 문득 부모님의 얼굴을 알지 못한다는 걸 깨달았어요.

그때 회색거미가 공중에 사진을 띄워 주었어요. 사진 속에는 인자한 모습의 부모님이 있었어요. 오늘이는 한참 동안 화면을 바라보았어요. 오늘이는 눈으로 사진을 찍어 저장했어요.

"음, 본 것 같기도 하고, 못 본 것 같기도 하고."

두꺼비의 말에 오늘이는 실망했어요. 그런데 회색거미는 두꺼비를 관찰하더니 씨익 웃으며 오늘이에게 눈짓을 했어요.

"그래요? 그럼 가자. 오늘아."

회색거미는 오늘이를 잡고 돌아섰어요. 그러자 두꺼비가 튀어나오더니 오늘이의 옷을 잡았어요.

"아니, 생각해 본다고. 아…… 아니. 그래, 봤어 봤다고! 여기 왔다가 금방 갔어. 뭐 원천강인가 어딘가 간다고 하던데."

두꺼비는 쉬지 않고 말을 했어요.

"그런데 왜 아깐 모른다고 했어?"

오늘이가 따지듯이 물었어요.

"너희들이 어떤 사람들인지 몰라서 그랬어. 나도 좀 데려가 줘."

두꺼비는 오늘이의 손을 잡고 놓지 않았어요. 오늘이는 미끈거리는

두꺼비의 발이 이상해서 얼른 손을 뺐어요. 하지만 두꺼비는 오늘이의 손을 꽉 잡고 놓지 않았어요.

두꺼비가 눈물로 호소했어요.

"사실 난 하늘의 선녀, 항아였어. 남편과 내가 신들에게 잘못을 저질러서 인간 세상으로 쫓겨났지. 그뒤에 남편이 죽지 않고 살 수 있는 불사약 두 개를 구해 왔는데, 내가 몰래 두 개 다 먹고는 하늘로 올라갔어. 하지만 받아 주지 않아서 달에 머무르게 된 거야. 여기에서 남편을 기다리다가 이렇게 두꺼비가 되었어. 나를 남편이 사는 푸른 별에 데려다 주면 평생 이 은혜를 갚을게."

"그런데 달에는 골디락스 존이 없나요?"

회색거미가 머리를 갸웃하며 물었어요.

"골디락스 존? 그게 뭐지?"

"음, 골디락스 존은 당신과 같은 생명체가 살 수 있는 구역을 말해요. 당신도 그런 곳에서 살지 않았나요?"

"아, 달에는 그런 곳이 없어. 태양 빛이 비치는 낮에는 엄청 뜨겁고 빛이 없는 밤은 끔찍할 정도로 춥지. 내가 이곳에서 살 수 있는 건 내 몸이 스스로 골디락스 존 같은 것을 만들기 때문이야. 그런데 이제는 한계가 왔어. 그러니 나를 푸른 별로 데리고 가 줘."

"두꺼비야, 그럼 우리 부모님 이야기를 먼저 해 줘."

"그게……, 네 부모님은 사실 왔다가 너무 금방 가 버렸어. 달에 꼭 들러서 기운을 받아야 된다면서. 그러니 나도 별로 이야기를 나누지 못했어. 아니, 기억도 잘 나지 않아."

두꺼비는 축 늘어져서 고개를 숙였어요. 오늘이는 그런 두꺼비가 불쌍했어요.

"두꺼비야, 우리랑 같이 가자. 푸른 별로 갈 수 있게 도와줄게."

얼마 지나지 않아서 두꺼비는 언제 시무룩했냐는 듯이 폴짝폴짝 뛰면서 좋아했어요. 오늘이는 제발 두꺼비가 손만 안 잡았으면 좋겠다고 생각하며 발걸음을 옮겼어요. 다행히 두꺼비는 얌전하게 회색거미와 오늘이를 따라왔어요.

오늘이는 옥토끼와 계수나무를 못 보고 가는 게 서운했지만 달에서 시간을 많이 보낼 수 없었어요. 언젠가 다시 오겠다고 생각하며 미리내 3호에 올라탔지요.

 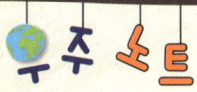 회색거미의 우주 노트

달에서 토끼가 방아를 찧는다고?

달에서 토끼가 절구로 방아를 찧고 산다는 이야기 들어 봤니? 사실 달에서 사는 생명체는 발견되지 않았어. 이건 옛날 사람들이 달 표면에 보이는 무늬를 보고 상상한 거야. 달에는 짙은 색 암석인 현무암으로 덮여 어둡게 보이는 '달의 바다'라는 지형이 있어. 물은 없지만 17세기의 천문학자들이 바다라고 생각해서 이름을 붙인 거야.

달 표면에서 상대적으로 밝게 보이는 곳을 '고지'라고 하는데, 여기에는 사장암처럼 밝은 색조의 광물들이 많아. 약 40억 년 전 태양계의 미행성들이 달과 충돌해서 만들어진 걸로 추정하고 있어.

이렇게 어두운 곳과 밝은 곳의 얼룩덜룩한 모양을 보고 달 속 토끼를 떠올린 거지. 우리나라뿐만 아니라 외국에서도 달을 보며 다양한 모습을 상상했어. 중국, 앙골라, 페루에서는 멀리 뛰려고 잔뜩 움츠린 두꺼비를, 유럽에서는 책 또는 거울을 들고 있는 여인, 한쪽 집게발을 높이 쳐든 게, 귀여운 당나귀의 모습 등을 떠올린다고 해.

달의 바다: 달의 표면에서 어둡게 보이는 부분

고지(육지): 달의 표면에서 밝게 보이는 부분. 표면의 85%

표면 무늬가 선명하게 보이는 밤하늘의 보름달

변화무쌍한 달의 비밀

달의 모양 변화

초승달
음력 3일에 뜨는 달. 가느다란 눈썹 모양의 달로 계절에 따라 각도가 달라진다.

상현달
음력 7일에 뜨는 달. 달과 지구, 태양과 지구가 90°를 이룰 때 달의 오른쪽 절반만 태양 빛을 받아서 생기는 달이다.

보름달
음력 15일에 뜨는 달. 태양-지구-달의 순서로 늘어설 때 달 전체가 태양 빛을 받아 둥근 보름달이 된다. 이 때 달과 지구의 거리가 가장 가까우며, 달이 특히 꽉 차 보인다고 해서 영어로 '풀 문(full moon)'이라고 한다.

하현달
음력 21일에 뜨는 달. 달과 지구, 태양과 지구가 90°를 이룰 때 달의 오른쪽 절반만 태양 빛을 받아서 생기는 달이다. 자정에 떠서 정오에 지기 때문에 새벽에 볼 수 있다.

그믐달
음력 27일에 뜨는 달. 오전 3시에 떠서 오후 3시에 지기 때문에 해가 뜨기 전 동쪽 하늘을 관찰해야 볼 수 있다.

슈퍼 문

보통 때보다 훨씬 크고 밝게 보이는 보름달을 말한다. 달은 지구 주위를 타원형으로 공전하고 있기 때문에 달과 지구의 거리는 항상 같지 않고, 일정한 주기로 가까워졌다가 멀어지기를 반복하게 된다. 이런 현상 중, 달이 지구에 가장 근접했을 때 보름달이 뜨게 되면, 지구에서 볼 수 있는 가장 큰 달의 모습이 관측되는데 이것이 바로 슈퍼 문이다. 2016년 11월에 지구에 가장 가까이 있는 슈퍼 문이 관측되었고. 2034년까지는 이렇게 지구와 가까이 있는 슈퍼 문은 뜨지 않을 것이라고 한다.

2016년 11월, 미국 텍사스 상공에서 떠오르는 슈퍼 문을 비행기가 지나가고 있는 모습

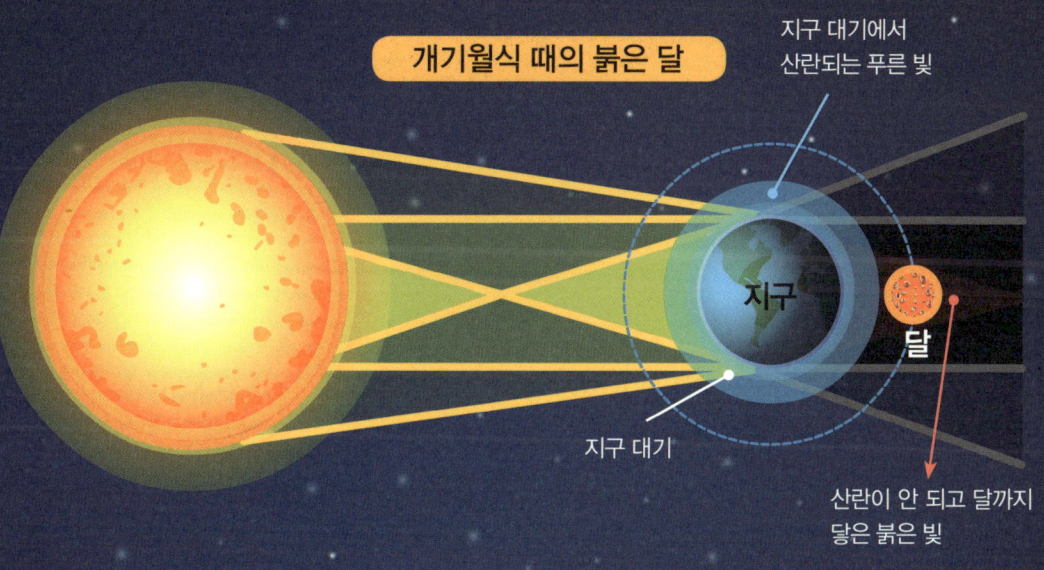

개기월식 때의 붉은 달

◀ 붉은 달이 선명하게 뜬 도시의 밤하늘

달에서 식물을 키우면 잘 자랄까?

탐사 로봇 '위투(옥토끼) 2호'가 달 뒷면에 착륙하여 활동하는 모습

2015년 개봉한 영화 〈마션〉에서는 여러 가지 문제로 화성에 홀로 남겨진 우주 비행사가 나와요. 이 주인공은 식량 문제를 해결하기 위해 온실에서 감자와 토마토를 키워서 생존하는데, 이런 일이 현실에서도 가능할까요?

2019년 1월 3일, 지구에서 보이지 않는 달의 뒷면에 인류 최초로 중국의 무인 달 탐사선 '창어 4호'가 착륙에 성공했어요. 미국의 아폴로 11호와 같은 유인 탐사선이 달에 착륙했었지만, 달의 앞면이었고 뒷면에는 가지 못했어요. 달의 뒷면 탐사가 어려웠던 까닭은 달의 자전 주기와 공전 주기가 약 27.3일로 같아서 지구에서는 달의 뒷면이 보이지 않는 것과 관련이 있어요. 탐사선이 달 뒷면으로 이동하면 지구와 직접

적인 통신이 끊어지는 탓에 달 뒷면 탐사가 어려웠어요.

중국 국가항천국은 창어 4호가 면화, 유채 씨, 감자 씨와 더불어 애기장대, 효모균, 초파리 번데기 등을 담은 특수 밀폐 용기를 싣고 갔으며, 탐사 로봇 '위투(옥토끼) 2호'가 달 표면에서 식물 재배 실험을 한다고 밝혔어요. 밀폐 용기는 특수 알루미늄으로 제작됐으며 길이 198㎜, 지름 173㎜, 무게 2.6㎏으로 통 속에 물과 토양, 공기와 함께 2개의 소형 카메라가 들어 있고, 열 통제 시스템도 갖추고 있었어요.

결과는 어떻게 되었을까요? 씨앗에 물을 주고 12일이 지난 뒤 여러 씨앗들 가운데 면화씨 하나에서 싹을 틔웠고 그 사진도 공개되었어요. 중국 국가항천국은 함께 가져간 유채 씨와 감자 씨도 발아에 성공했다고 밝혔어요.

그런데 이후 너무 추운 달의 기온 때문에 발아한 면화 싹이 더 이상 자라지 못한 것으로 알려졌어요. 달은 낮과 밤의 엄청난 기온 차이 때문에 생명체가 살 수 있는 환경이 되지 못하지요. 아직까지는 이런 환경 조건을 극복하며 영화 〈마션〉에서처럼 식물 재배에 완벽하게 성공한 사례는 나오지 않았어요.

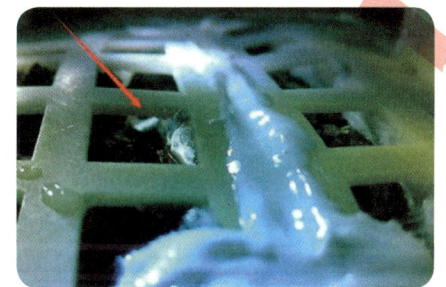

면화씨가 발아한 모습   자료: 중국 국가항천국

달에서 식물을 키우려면 어떤 문제들이 해결되어야 할까요?

O, X 퀴즈

다음은 달과 관련된 내용이야. 맞으면 O, 틀리면 X에 표시해 봐.

1 달은 지구보다 크다?

2 지구에 가장 가까이 근접했을 때 뜨는 달은 보름달이다?

3 달은 대기 환경이 지구와 비슷해서 사람이 살기에 적합하다?

4 지구에서 달의 뒷면은 볼 수 없다?

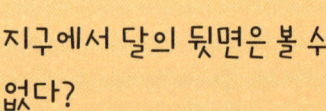

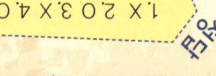
정답: 1.X 2.O 3.X 4.O

3장
화성에서 쟁기질하는 견우

🪐 부모님이 지나간 흔적을 찾아서

두꺼비는 미리내 3호에 타자마자 물을 찾았어요. 오늘이는 두꺼비에게 물을 주었어요. 몹시 목이 말랐던지 두꺼비는 단숨에 물 한 통을 다 마셔 버렸어요. 물을 마신 두꺼비는 자신의 이야기를 해 주었어요.

"불사약을 훔쳐 먹는 게 아니었어. 남편은 나에게 실망했을 거야. 하느님도 마찬가지겠지? 푸른 별에 있는 남편은 나를 용서해 줄까?"

두꺼비는 정말 후회하고 있었어요.

"걱정하지 마. 꼭 용서해 주실 거야."

오늘이는 두꺼비를 위로했어요.

두꺼비는 오늘이에게 웃어 주었어요. 그런데 그 모습이 어찌나 흉측

하던지 오늘이는 자신도 모르게 고개를 돌려 버리고 말았어요. 다행히 두꺼비는 밝은 곳에서는 잘 보이지 않기 때문에 금방 눈을 감고 구석자리로 찾아들었어요.

"다음 우리가 갈 곳은 붉은 땅입니다."

미리내 3호의 소리가 들렸어요.

"붉은 땅? 그곳에 우리 부모님이 있어?"

오늘이가 회색거미에게 물었어요.

"아니, 이곳도 부모님이 거쳐 갔을 것 같아서 어떤 단서가 남아 있는지 알아보려고."

"그런데 우리 부모님이 다녀간 곳을 어떻게 알아?"

"내 팔, 아니 내 다리가 진짜 거미처럼 여덟 개나 되는 건 내 몸속에 우주 과학 첨단 장비가 들어 있기 때문이야. 이 우주엔 네 부모님이 지나간 흔적이 남아 있고, 난 그 흔적을 찾을 수 있지."

"그럼, 여기저기 들르지 말고 부모님이 계신 데로 바로 가면 안 돼?"

오늘이는 하루라도 빨리 부모님을 만나고 싶었어요.

"그건 곤란해. 흠흠. 난 중간 과정을 거치지 않으면 결과에 이를 수 없도록 설계되어 있어."

회색거미는 좀 창피한 듯 괜한 헛기침만 해 댔어요. 오늘이는 회색거미를 이해하기로 했어요. 어찌 되었든 부모님을 만날 수 있게 길잡이를 하고 있으니까요.

미리내 3호는 어두운 우주 공간을 미끄러지듯 나아갔어요.

오늘이는 창밖으로 떠돌아다니는 쓰레기들을 보았어요. 우주 정거장에서 버린 것들도 있고 행성이나 우주선에서 떨어져 나온 것들도 있었어요. 순간 아주 큰 청소기로 우주를 청소하고 싶다는 생각을 했지요. 이런저런 생각을 하는 동안 오늘이는 스르륵 잠이 들었어요.

오늘이는 꿈속에서 할머니와 함께 넓은 밭을 갈고 있었어요. 할머니는 힘이 세서 집 앞에 있는 천 평쯤 되는 밭도 순식간에 갈았어요.

"할망, 밭 다 갈았으니까 이제 점심 먹자."

오늘이는 할머니가 만들어 주는 배춧국과 소금에 절인 생선구이가 먹고 싶었어요. 생각만 해도 입에 침이 고였어요.

"그래, 어서 점심 먹자."

할머니는 밭을 갈던 기계를 옆에 두고 집을 향해 걸었어요. 오늘이는

할머니를 뒤따라갔어요. 할머니의 걸음걸이가 씩씩했어요.

그런데 갑자기 회오리바람이 밭 한가운데로 불어왔어요. 눈 깜짝할 사이에 할머니가 하늘 높이 올라갔어요.

"악! 할망, 할망!"

# 화성에서 만난 견우

"오늘이, 오늘이. 그만 일어나라."

회색거미의 차가운 팔이 오늘이의 얼굴을 스쳤어요. 오늘이는 깜짝 놀라 눈을 떴어요. 아직도 꿈속 회오리바람이 생생하게 떠올랐어요.

"할망은 잘 있을까?"

오늘이는 갑자기 할머니가 걱정되었어요.

"걱정 마. 할망은 혼자서 잘 먹고 잘 자고 있어."

회색거미는 마치 할머니를 본 것처럼 이야기했어요.

"어떻게 알아? 참, 할망에게는 더듬이가 있다고 했어. 그 더듬이로 부모님과 연락을 했고."

"내가 알기로 그건 부모님과 연락할 때만 쓰일 걸? 걱정 마, 백주 할망은 여느 할머니랑은 달라. 정 그렇게 궁금하면 할머니를 보여 줄게."

회색거미는 열차 안에 홀로그램을 만들었어요.

할머니가 방 안에 앉아 무언가를 만들고 있었어요. 뜨개질을 하는 것 같았어요. 실뭉치가 방바닥에 데굴데굴 굴러다녔어요. 할머니는 실을 잡아당기며 뜨개질을 하고 가끔 뜬 것을 보며 미소를 지었어요.

"자, 어때? 할머니는 잘 계시지?"

회색거미가 영상을 닫으며 말했어요. 오늘이는 할머니를 더 보고 싶기도 했지만 안심이 되었어요.

"이제 거의 다 왔다. 붉은 별 화성이다."

회색거미는 작은 창을 내다보며 말했어요.

"어쩌면 너의 부모님이 이곳에 오래 머물지 않았을까? 여긴 아무래

도 생명이 살 수 있을 것 같은 느낌이 들어."

회색거미가 말을 마치자마자 미리내 3호가 심하게 흔들렸어요.

"모래 폭풍이 밀려오고 있습니다. 심하게 흔들리지 않도록 최선을 다하고 있습니다."

미리내 3호의 소리가 들렸어요.

두꺼비는 어느새 깨어나 오늘이의 주머니 속에 쏙 들어갔어요.

오늘이는 꿈속에서의 회오리바람이 생각났어요.

잠시 뒤 미리내 3호는 흔들림 없이 붉은 땅에 도착했고, 오늘이는 미리내 3호에서 내렸어요.

"나는 살펴볼 게 좀 있어서 오늘이 너 혼자 둘러봐. 누군가를 만나면 부모님이 여길 다녀가셨는지 물어보고."

어쩐 일인지 회색거미는 같이 내리지 않았어요.

오늘이는 잠자코 미리내 3호에서 내렸어요. 갑자기 추위가 몰려왔어요. 오늘이는 후다닥 열차 안으로 들어가서 옷 안에 특수 핫 팩을 넣고 나왔어요.

내리자마자 기침이 터져 나왔어요. 온통 먼지뿐인 것 같았어요. 오늘이는 얼른 소매로 입과 코를 막았어요.

그곳의 메마른 땅에는 풀 한 포기 보이지 않고 바위들이 여기저기 흩어져 있었어요. 이런 곳에 농사를 짓는다고 이랑을 만들어 놓은 것이

믿을 수가 없었어요. 도대체 누가 밭을 갈고 있는지 궁금했어요.

"꾸왕꾸왕 큭큭큭, 어디선가 물 냄새가 나는 것 같은데?"

두꺼비가 코를 벌름거리며 여기저기를 뛰어다녔어요.

"물 냄새? 이런 곳에 물이 있겠어?"

회색거미의 우주 노트

화성, 너의 정체를 알려 줘!

지구 궤도 바로 바깥을 도는 지구형 태양계 행성인 화성의 지름은 지구의 반, 부피는 지구의 15% 정도야. 불타는 듯한 붉은 빛을 띠어 '화성(火星)'이라는 이름이 붙었지. 배가 고플 때 화성 사진을 보면 마치 둥그렇고 붉은 초콜릿 덩어리 위아래로 흰 크림이 발라져 있는 것 같아. 크림으로 보이는 극관의 주성분은 드라이아이스야. 탐사 결과에 의하면 화성에는 물이 있을 가능성이 많지만, 생명체가 살고 있을 가능성은 아주 적다고 해. 왜냐하면 물이 액체 상태가 아니라 얼음이나 수증기 형태로 아주 조금 있기 때문이란다.

지구와 화성의 크기 비교

화성 탐사선, 바이킹 1호가 찍은 화성의 모습

오늘이는 물을 찾아 폴짝거리며 뛰어가는 두꺼비를 보고 웃었어요.

"누구십니까? 어떻게 이런 곳에 오셨습니까?"

오늘이 뒤에 두건을 쓰고 쟁기를 끌고 있는 청년이 나타났어요.

"아, 이곳에 사시는 분이에요? 저는 부모님을 찾아 길을 나선 오늘이라고 합니다."

오늘이는 고개를 숙여 인사했어요.

"아, 아. 부모님을 찾아서 왔군요. 난 견우라고 해요. 지금까지 이곳에서 밭을 갈고 있는데 아무것도 심을 수가 없네요."

청년 옆에 있는 누렁소도 고개를 끄덕이는 것 같았어요.

"우리 누렁이도 평생 밭을 갈았지만 풀 한 포기 보지 못했지요."

청년은 불쌍하다는 듯 누렁이의 머리를 쓰다듬었어요.

"이런 땅에 곡식을 심는다는 게 말이 안 되는 것 아니에요? 그리고 요즘 쟁기와 소로 밭을 가는 사람이 어딨어요? 다들 기계로 하는데."

오늘이는 견우를 딱하다는 듯이 바라보았어요.

"이게 내 일인 걸요. 땅이 있으면 밭을 만들어야 하고, 밭이 있으면 씨앗을 심어야 하지요. 기계는 제가 정말 싫어해서요."

"그럼, 이곳을 떠나 더 좋은 곳으로

가면 되지 않아요?"

오늘이가 말했어요.

"네?"

청년은 깜짝 놀랐어요.

"이곳을 떠난다고요? 어떻게 그런 일이……. 어여쁜 색시도 맞이하지 못했는데 어떻게. 내 짝이 될 신부를 기다리는 것도 내 일이에요. 내 신부가 될 색시는 예쁘고 베도 잘 짠다고 했어요."

견우는 화가 난 것처럼 말했어요.

"꼭 이곳에서 색시를 기다리라는 법이 있는 것도 아닌데, 더 살기 좋은 곳으로 가서 기다려도 되지 않나요?"

오늘이는 견우가 답답했어요. 누렁소도 그렇게 생각하는 듯 고개를 끄덕였어요.

"그럴 순 없어요. 우선 저의 집에 가서 차라도 한 잔 하시지요."

오늘이는 자신에게 꼬박꼬박 존댓말을 하는 견우의 나이가 얼마나 되는지 알 수 없었어요.

견우의 집은 밭에서 멀지 않았어요.

"어? 달이 두 개 떴어요."

하늘에 달처럼 생긴 것이 두 개나 보였어요.

"아, 항상 달은 두 개가 떠 있어요. 저게 신기해요?"

"그럼요. 지구에서 달은 한 개밖에 볼 수 없거든요. 그런데 화성의 달은 지구의 달보다도 훨씬 작네요?"

오늘이는 달 두 개를 한참 동안 바라보았어요.

"이곳은 어떤 곳이에요?"

오늘이는 견우가 건네준 차를 마시며 물었어요.

"여긴 지구에서 가장 가까운 행성이에요. 지구와 가장 닮은 별이라고도 하고요. 남반구와 북반구로 나뉘어져 있지요. 이곳은 북반구예요."

"물이 없는데 왜 물 냄새가 나죠?"

오늘이의 주머니 속에 있다가 탁자 위로 폴짝 뛰어오르며 두꺼비가

물었어요.

"아하, 남반구에는 바다가 있어요."

"바다가요?"

오늘이는 깜짝 놀랐어요. 왜냐하면 할머니와 들판에 살면서 가장 보고 싶었던 것이 바다였거든요.

"그럼, 우리 바다를 보러 남반구로 가요."

"그런데 그 바다는 지하에 있는 얼음 바다에요. 물이 아니라 이산화탄소지요. 그리고 그 주변에 있는 화성인들이 누가 오는 걸 싫어해요."

"화성인이요? 그분들은 어떤 사람들이에요?"

오늘이는 화성인이 몹시 궁금했어요.

"음, 잘 모르겠어요. 어떨 땐 아주 무섭고 어떨 땐 친절한 것 같기도 하고. 아무튼 난 그냥 가까이하지 않으려고요."

"화성인을 만나고 싶어요."

오늘이가 졸랐어요.

"네? 안 돼요. 요즘처럼 날씨가 좋지 않고 바람이 많이 부는 날이면 이유도 없이 나를 공격하러 오기도 해요. 그럼 난 책 속에 숨어 있다가 그들이 가면 나와요."

견우는 책이 가득 쌓인 방 안의 벽을 바라보며 말했어요. 정말 견우의 방은 책으로 빙 둘러싸여 있었어요.

 화성을 떠나다

"또르륵 꽈리릭 빠드득 후루구구."

갑자기 밖에서 소란스러운 소리가 들렸어요.

"아, 저 사람들이 오늘은 왜 이러지?"

창밖을 내다보던 견우는 깜짝 놀랐어요. 화성인들이 장갑차처럼 생긴 거대한 차를 타고 몰려오고 있었어요. 사람이 보이지 않는데도 소리가 들리는 게 이상했어요.

"아무래도 이상해요. 어…… 어…… 어떡하지? 책 속에는 한 사람밖에 숨을 수 없는데."

견우가 안절부절못했어요.

"할 수 없어요. 어서 미리내 3호로 가요."

오늘이는 뒷문으로 견우를 데리고 미리내 3호로 달려갔어요.

미리내 3호는 어느새 견우의 집 가까이에 와 있었어요. 입에서 불을 뿜으며 출발할 준비를 하고 있었어요. 막 미리내 3호에 올라타려던 견우가 갑자기 멈춰 섰어요.

"누렁이, 누렁이도 데리고 가야 해요."

"회색거미야 어떡해? 누렁이도 함께 태워야 하지 않을까?"

오늘이는 견우 집 앞까지 쫓아온 화성인을 보며 물었어요. 회색거미는 잠시 고민을 하는 것 같았어요. 오늘이는 간절한 눈빛으로 회색거미를 바라보았어요. 홀로

남겨진다는 건 정말 끔찍한 일이라는 걸 누구보다도 잘 알고 있는 오늘이이기에 누렁이가 걱정되었어요.

"알았어. 소도 태워. 하지만 사료는 여기 없어."

회색거미의 말이 떨어지자마자 견우는 휘파람으로 누렁이를 불렀어요. 누렁이는 쏜살같이 미리내 3호에 올라탔어요.

미리내 3호의 문이 닫히자마자 열차는 하늘로 날아올랐어요. 잠시 휘청했지만 견우도 누렁이도 곧 안정을 찾았어요. 그런데 갑자기 견우가 울기 시작했어요.

"이제 어떻게 하지? 색시가 올 때까지 그곳에서 밭을 갈고 있어야 하는데."

"당신이 기다리는 사람은 절대 그곳에 가지 않아요. 당신이 오기를 어쩌면 기다리고 있을지도 몰라요."

회색거미가 말했어요.

"그게 정말이에요? 어디서요? 저를 그곳으로 데려다 줄 수 있나요?"

"아마도……."

회색거미는 멋있는 척하며 턱을 앞으로 쑥 내밀었어요.

미리내 3호는 누렁이와 견우까지 태우니 가득 찬 느낌이 들었어요.

"견우가 살던 곳은 어떤 곳이에요?"

오늘이는 늦은 저녁을 먹으며 물었어요. 견우는 오랜만에 먹어 보는 음식에 어쩔 줄을 몰랐어요. 회색거미는 말은 야박하게 했지만 막상 식사 시간이 되자 누렁이가 먹을 사료도 챙겨 주었어요.

회색거미가 견우 대신 설명해 주었어요.

"화성은 지구와 가장 비슷한 별이지. 멀리서 보면 붉은색으로 보이는데, 그 이유는 붉은 산화철 먼지가 행성의 표면을 덮고 있기 때문이야. 지구처럼 구름, 산맥, 산, 계곡, 사막 등이 있고, 심지어 남극과 북극처럼 얼음으로 덮인 곳도 있어. 지름은 지구의 약 절반 정도인데, 자전축도 지구와 비슷하게 기울어져 있어. 그래서 지구처럼 계절 변화가 나타나지. 또한 화성에는 지구의 달 같은 위성이 두 개 있어."

"아, 그럼 달처럼 생긴 두 개의 달이 그 위성들인 거야?"

오늘이가 묻자, 회색거미가 고개를 끄덕였어요.

"내가 살던 들판과는 너무 달라. 어둡고 춥고."

오늘이는 지구의 들판이 정말 아름다운 곳이라는 걸 우주를 돌아보면서 더 느꼈어요.

"견우는 농사짓는 것보다 책 읽는 게 더 좋은가요?"

회색거미가 물었어요.

"그런데 책을 한 권도 읽지 못했어요. 색시를 만나면 둘이 앉아 노을을 바라보며 책을 읽는 게 소원인데."

"그럼, 색시를 만날 동안 여기서 책을 실컷 읽어요."

　회색거미는 어느새 한가득 책을 들고 왔어요. 책을 보자마자 견우는 얼른 자리를 잡고 앉아 책을 읽기 시작했어요.

　"이제 살기 좋은 곳에서 기다리는 사람을 만나 행복할 일만 남았네요."

　오늘이는 견우도, 자신도, 그리고 두꺼비도 누군가를 만나러 미리내 3호를 타고 가는 것이 신기했어요. 미리내 3호가 마치 안내자 같았어요.

 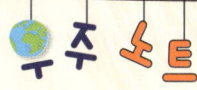

회색거미의 우주 노트

화성의 얼음에 주목하라!

화성에 생명체가 있다면 혹독한 환경에서 살아남을 유일한 곳은 얼어붙은 바닷속일 가능성이 많아. 현재까지 연구 결과들을 보면 최초의 화성에는 지구처럼 바다가 있었다고 해. 그러나 화성은 크기가 작은 탓에, 지구처럼 강한 중력과 자기장을 가지지 못했지. 따라서 화성에 있던 물의 상당량이 우주로 빠져나간 것으로 짐작하고 있어. 하지만 일부는 얼음의 형태로 남아 화성의 두 극 근처에 남아 있어. 과학자들은 지구에 지하수가 많이 있듯이, 화성의 땅 밑에도 아직 많은 양의 물이 얼음의 형태로 남아 있을 것으로 추정하고 있어.

미국 항공우주국의 화성 관측 우주선인 MRO(Mars Reconnaissance Orbiter)의 레이더 관측 결과를 살펴볼까? 이 레이더는 지표를 뚫고 그 아래에 있는 물질의 구성 성분을 관측할 수 있어. 그 결과 예상했던 대로 화성의 지하에는 많은 양의 얼음이 있었어. 이 얼음은 과거 화성이 따뜻했던 시절에 존재했던 물의 극히 일부라고 짐작된단다.

오래전 화성이 지금처럼 추워지면서 액체 상태의 물은 얼어붙어 거대한 빙하를 만들었지. 세월이 흐르면서 그 위에 먼지와 모래가 쌓였고 이 빙하들이 땅 밑에 갇혀 버린 거야.

파란색 점으로 표시된 곳이 빙하가 있는 화성의 지역이다.

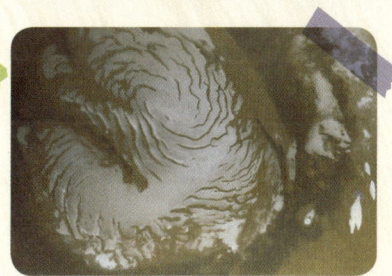
화성 북극의 얼음 사진

화성에는 과연 생명체가 살고 있을까?

다음은 화성의 생명체 존재 가능성에 관련된 신문 기사입니다.

인류는 밤하늘을 보며 우주 어딘가에 지구처럼 생명체가 있지 않을까 상상해 왔다. 태양계 행성들도 여전히 가능성을 갖고 있다. 금성의 구름 위, 목성이나 토성의 행성들의 물 속 등에도 생명이 있을지 모르는 일이다. 그중에서도 태양계에서 생명이 살 것이란 기대를 가장 크게 받고 있는 행성은 화성이다. 화성에는 수십억 년 전 물이 흘렀던 흔적이 남아 있다. 과거 뿐 아니라 현재에도 생명이 살 것이란 추측을 뒷받침하는 증거들도 있다.

과거 혹은 현재의 생명체의 존재 가능성을 보여주는 증거로는 총 3가지가 있다.

첫 번째 설득력 있는 증거는 1976년 미국 항공 우주국(NASA)이 보낸 화성 탐사선 바이킹이 지면에 착륙하면서 포착됐다. 당시 바이킹은 수행한 여러 실험 가운데 토양 샘플 실험에서 지구와 비슷한 구조를 확인했다.

두 번째는 1984년 12월27일 화성에서 지구로 온 운석의 조각인 '앨런 힐스 84001'을 발견했을 때 나왔다. 지구로 떨어지는 운석의 약 3%는 화성에서 오는 것이다. 이 운석의 무게는 2kg으로 상당히 컸다. 약 40억년 전에 화성에서 형성된 암석으로,

화성의 화산 활동으로 생긴 분화구

1만 3000년 전에 지구에 도달한 운석이었다. 1996년 그 내부를 들여다보니 화석화된 유기생물의 잔재일 수 있는 물질이 들어 있었다.

NASA가 2012년 파견한 화성 탐사선 '큐리어시티(호기심)'가 세 번째 증거를 발견했다. 큐리어시티는 화성의 계절이 겨울에서 봄으로 바뀔 때 특정 지하 장소에서 메테인 가스가 배출되는 것을 감지했다. 메테인은 무기질 공정에서 나올 수도, 유기질·생물학적 과정에서도 발생할 수도 있다.

화성의 기후 및 물 등의 조사를 위해 화성에 착륙한 큐리오시티 로버가 탐사 활동을 하고 있다.

한국경제 '화성 생명체에 관한 5가지 가능성', 2020/08/07

화성에는 과연 생명체가 살고 있을까요, 아니면 추측에 불과할까요? 여러분의 생각은 어떠한가요?

미로찾기

미로를 빠져나가 보렴. 아래의 힌트를 보고 정답에 해당하는 낱말의 글자가 놓인 길을 따라가면 될 거야.

정답 힌트

★ 화성의 대기 중 95%는 이것으로 이루어졌다고 해요.
★ 드라이아이스는 고체로 된 이것이죠?

정답: 이산화탄소

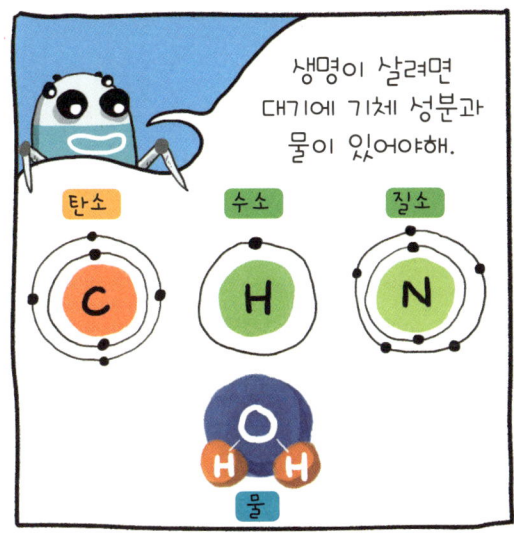

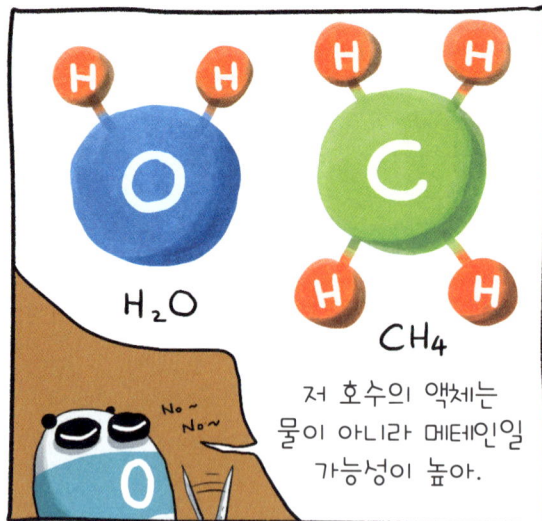

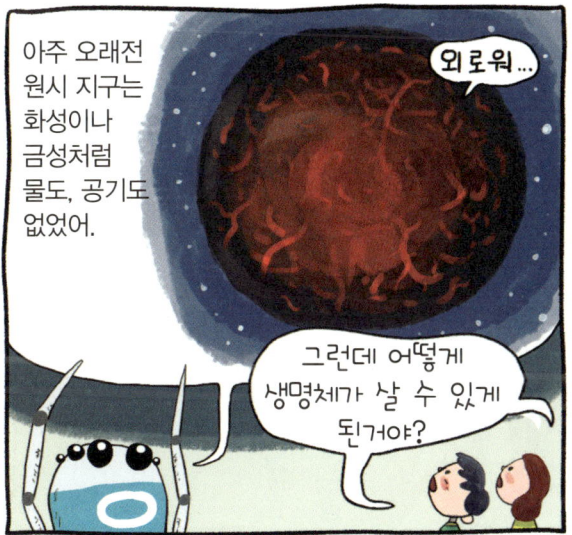

은하별의 외계인

🪐 견우의 사연

미리내 3호는 안정적으로 우주를 날아갔어요.

"아, 내가 살던 곳이 저런 곳이었구나."

견우는 창을 통해 자신이 살던 곳을 바라보았어요. 우주에서 본 화성은 아름다웠어요. 용암이 분출하여 쌓인, 태양계에서 가장 거대한 27㎞ 높이의 올림퍼스산도 아담하게 보였어요.

"그런데 어떻게 그곳에서 살게 되었어요?"

두꺼비가 물었어요.

"내 고향이었어요. 우리 조상님들이 대대로 살고 있었죠. 그런데 어느 날부터 공기가 점점 줄어들기 시작했어요. 그때 공기를 판다는 외계인이 나타났고, 우리는 공기를 얻기 위해 지하에 묻혀 있는 자원을 하나씩 팔기 시작했죠. 그 뒤부터 외계인의 말을 따를 수밖에 없게 되었어요. 외계인은 우리의 자원을 마구 쓰기 시작했고 그게 당연하게 생각되었을 때 비로소 깨달았죠. 우리의 자연과 자원을 되찾아야 한다고."

"어머나, 가엾어라. 나랑 닮았네요. 실수로 큰 고통을 겪고 나서 깨달음을 얻었으니까요"

화성으로 이주하기 위해 꼭 필요한 것은?

① **물을 뽑아내는 기술** : 화성의 얼음을 녹이거나 물을 기체화시켜 그 증기를 땅으로 운반해야 해. 이 기술은 먹을 물뿐만 아니라 물을 수소와 산소로 분리해 산소를 공급하는 방법에도 이용되지.

② **화성 전용 슈트** : 화성은 방사선이 쏟아지는 곳이야. 방사선으로부터 인간의 몸을 안전하게 보호할 수 있는 전용 슈트가 필요해. 활동하기 위해서 슈트의 무게는 최대한 가벼워야 한단다.

③ **우주선과 연료** : 우주 비행사가 화성에서 생존하는 데 필요한 장비와 물품을 모두 챙겨 보내기 위한 우주선이 있어야 해. 이 우주선은 강한 압력과 열에도 버틸 수 있는 소재로 만들어져야겠지? 또한 큰 우주선을 화성까지 보내기 위해서는 연료도 굉장히 많아야 해. 그래서 우주선의 연료 탱크를 비행 도중 교체해 주는 '우주 급유' 기술이 개발되고 있단다.

④ **농업 기술** : 화성에 비치는 햇빛의 양은 지구의 60%밖에 안 되고, 흙에는 산화철이 많아 식물이 자라기 어려운 조건이야. 따라서 물로 식물을 재배하거나 땅속의 산화철을 없앨 수 있는 농업 기술이 필요하지.

두꺼비는 견우 옆에 붙어서 연신 고개를 끄덕였어요.

"그 뒤로 난 밭을 갈고 좋은 땅을 만들기 위해 애쓰고 있죠. 땅속 깊숙이 있는 물을 끌어 올려도 금방 날아가 버려서 땅은 늘 메말랐죠."

견우는 지친 표정으로 눈을 감았어요.

"그럼, 빨리 포기하고 다른 곳으로 가지 그랬어요."

"포기할 수 없었어요. 부모님이 돌아가시면서 나에게 어울리는 색시를 기다리라고 말씀하셨거든요. 그 말씀을 지키고 싶었어요."

"걱정 마요. 우리가 색시를 찾아 줄게요."

그때까지 아무 말도 않고 있던 회색거미가 말했어요.

견우는 회색거미를 향해 미소를 지었어요.

미리내 3호는 거침없이 우주 공간을 날아갔어요. 시간이 한참 흐른 뒤, 두꺼비는 어느새 견우에게 안겨 잠이 들어 있었어요.

"우리는 지금 태양계를 벗어나 은하계로 가고 있 있 있 있……."

갑자기 미리내 3호의 안내 방송이 끝을 맺지 못하더니 흔들리기 시작했어요. 회색거미가 부랴부랴 미리내 3호의 앞부분으로 달려갔어요.

"놀라게 해 드려 죄송합니다. 갑자기 앞으로 새 한 마리가 날아왔어요. 이제 괜찮습니다."

"어휴, 큰일 날 뻔했네."

견우도 놀란 가슴을 쓸어내렸어요.

🪐 삼족오의 등장

잠시 후, 미리내 3호 앞머리에 갔던 회색거미가 돌아왔어요.

"이 새가 미리내 3호의 앞에 날아들었어."

회색거미의 손에는 까만 새가 한 마리가 들려 있었어요.

까만 새는 다리가 세 개였는데 눈빛이 날카로웠어요. 오늘이가 살던 들판에서 보던 새와는 달랐어요. 시커먼 눈이 어딜 보고 있는지 알 수도 없었어요. 하지만 어디선가 이런 모습의 새에 대해 들었던 기억이 날락 말락해서 오늘이는 고개를 갸웃거렸어요.

"미안, 난 그저 방향을 잘못 잡은 것뿐이야. 절대로, 절대로 이 기차에 피해를 끼칠 생각은 없었어."

까만 새는 계속 머리를 흔들어 대며 말했어요.

"아무튼 굉장히 위험할 뻔했어. 미리내 3호가 재빠르게 방향을 바꾼 덕분에 별 사고가 없었지만 말이야."

회색거미는 화가 난 목소리로 말했어요.

"그래, 그래. 내가 잘못했다고. 그럼 이젠 날 좀 놓아줄래?"

까만 새는 회색거미를 쳐다보았어요.

"혹시 너 삼족오 아니야? 옛날이야기 속에 나온 전설의 새로 알고 있는데. 우리 할망이 가끔 이야기해 줬거든."

오늘이가 생각이 난 듯 말했어요.

"맞아, 역시 난 인기가 많아. 난 태양의 새 삼족오야. 아마 여기서 가장 나이가 많을걸?"

삼족오가 회색거미의 품에서 벗어나며 기차 안을 한 바퀴 돌더니 견우의 어깨에 내려앉았어요.

"다시 말하지만 넌 우리 모두를 위험에 빠뜨릴 뻔했어."

오늘이가 말했어요.

"대신 너희들을 좋은 곳으로 안내하면 되잖아."

삼족오가 말했어요. 회색거미도 견우도 삼족오를 바라보았어요.

"너희들은 지금 어디로 가고 있지? 내가 보기에는 길을 잘못 든 것

같은데?"

"뭐? 미리내 3호는 바로 가고 있어. 넌 우리가 어디로 가는지도 모르잖아."

회색거미가 언짢은 듯 말했어요.

"그래, 만약 미리내 3호가 이 말을 들었다면 기분이 상했을 것 같아. 우린 잘 가고 있어. 부모님이 계신 곳으로."

오늘이가 말했어요. 삼족오는 천장 아래에 있는 선반으로 가서 앉았어요.

"그래? 그렇구나. 사람들이 살고 있는 곳이라면 무지개 별로 가는 중이구나. 내가 그쪽으로 가는 지름길을 알고 있어."

"뭐라고? 지름길을 안다고?"

오늘이는 깜짝 놀랐어요.

"흠흠, 지름길은 없어. 이 새가 거짓말을 하는 거야."

회색거미가 말했어요.

"어쩌면 오랜 세월 계속 우주에서 날아다닌 이 새가 누구보다 더 잘 알지 않을까?"

하루라도 빨리 부모님을 만나기를 바랐던 오늘이는 삼족오의 말을 믿고 싶었어요. 회색거미가 괜히 질투를 하는 거라고 생각했어요.

"미리내 3호는 나하고만 소통할 수 있어. 아무나 그 방향을 바꿀 수

없어."

회색거미가 말했어요.

"그건 옳지 않아. 누구라도 지름길을 안다면 그곳으로 안내할 수 있어야 해."

삼족오도 지지 않았어요.

"그래, 한번 가 보지 뭐. 빨리 가면 좋잖아."

오늘이는 회색거미를 설득했어요. 회색거미는 마음에 들지 않았지만 오늘이의 부탁을 들어주기로 했어요.

"알았어. 대신 엉뚱한 곳으로 가면 그땐 우주에 버릴 거야."

회색거미의 말에 삼족오는 부리를 앞으로 삐죽 내밀었어요.

"지금부터 왼쪽으로 방향을 바꿔."

삼족오가 앞으로 날아가며 소리쳤어요.

"왼쪽 방향으로 바꾸라고? 왜 나에게 명령하지? 나는 오늘이 부모님이 있는 곳으로 가도록 맞춰져 있어."

미리내 3호의 소리가 들렸어요.

"조금 전에 탄 불청객이 지름길을 알고 있대. 왼쪽으로 한번 가 보지 뭐."

회색거미가 말했어요. 그러자 미리내 3호가 비스듬히 왼쪽으로 방향을 바꾸는 것이 느껴졌어요.

"오늘이라고 했나? 이 우주는 정말 크고 멋진 곳이란다. 특히 이 우주를 다스리는 태양은 모든 별 중의 으뜸이지."

삼족오가 거만하게 말했어요.

"태양 같은 별이 한 개가 아니라는 건 나도 알고 있어. 또 행성들을 거느리고 있다는 것도 알고. 우리 부모님이 살고 있는 곳에도 멋진 태양이 있겠지?"

오늘이가 물었어요.

"그럼, 그럼. 그곳은 아마 지구보다 더 아름다운 별일걸? 그러니까 빨리 가자고."

삼족오가 이상한 소리를 내며 웃었어요. 오늘이는 삼족오의 웃음소리에 살짝 기분이 나빠졌어요.

"아, 왜 이렇게 더워?"

두꺼비가 갑자기 깨더니 투덜댔어요. 견우도 겉옷을 벗으며 땀을 닦았어요.

"그러게요, 갑자기 엄청 더워요."

오늘이도 손으로 부채질을 하며 말했어요. 회색거미도 미리내 3호 안의 온도가 이상해서 창밖을 내다보았어요.

"계속 이 길로 가야 해? 내 몸이 곧 녹을 것 같아."

미리내 3호의 소리가 들렸어요. 오늘이는 깜짝 놀라 창밖을 보았어요. 주위가 온통 붉은 열기로 가득 찼어요.

"아니! 빨리 이곳을 빠져나가야 해. 미리내 3호! 어서 방향을 돌려!"

회색거미가 다급하게 외쳤어요.

"아니야, 그대로 가!"

삼족오가 끔찍한 소리를 내며 꽥꽥거렸어요. 오늘이는 그제야 삼족오가 이상한 곳으로 미리내 3호를 이끌었다는 걸 알았어요.

"미리내 3호, 빨리 방향을 돌려!"

오늘이가 소리쳤어요.

"안 돼, 태양으로 가야 해. 나는 태양으로 가야 영원히 살 수 있어."

삼족오가 오늘이의 머리를 마구 쪼아 대며 말했어요.

회색거미는 여덟 개의 다리로 삼족오를 꽉 붙잡은 다음 미리내 밖으로 날려 보냈어요. 미리내 3호도 방향을 바꿔 점차 태양에서 벗어나기

시작했어요.

"후유, 우리 모두 태양 속으로 빨려 들어갈 뻔했어."

견우가 놀란 가슴을 쓸어내렸어요.

"미안해. 나는 삼족오가 나쁜 새인 줄 몰랐어."

오늘이는 고개를 푹 숙였어요.

"나쁜 새가 아니라 자신의 목적만 생각한 새지. 혼자서는 뜨거운 태양에 닿을 수 없으니까 미리내 3호를 이용하려고 한 거야. 잊어버려."

회색거미는 오늘이의 어깨를 가볍게 툭 쳤어요.

조용히 있던 두꺼비가 뭔가 이상한 듯 말했어요.

"그런데 지금 미리내 속도가 너무 빠른 것 같아."

"이상하네, 정말. 미리내 3호, 속도가 왜 이렇게 빨라?"

"저도 모릅니다. 뭔가에 끌려가는 것 같아요."

회색거미가 화면을 띄우자 미리내 3호가 가고 있는 방향이 보이고 주위의 행성들도 보였어요. 주의 깊게 살피던 회색거미가 깜짝 놀랐어요.

"큰일 났어! 미리내 3호가 블랙홀로 빨려 들어가고 있어."

회색거미는 몸이 시커멓게 변할 정도로 겁에 질렸어요.

"블랙홀이면 우주의 모든 것을 집어삼킨다는 괴물 아닌가요?"

두꺼비가 말했어요.

"그럼 우린 꼼짝없이 괴물에게 잡아먹히는 거예요?"

오늘이는 울상이 되었어요. 이런 일이 생길 줄은 꿈에도 몰랐어요.

"오늘이는 꼭 부모님을 만나야지."

두꺼비가 뜬금없이 오늘이를 바라보았어요. 두꺼비의 눈이 촉촉하게 젖어 있는 것 같았어요.

"두꺼비도 남편을 만나야지요."

"그래 그래, 하지만 블랙홀은 만만한 상대가 아니야. 우리 모두가 힘을 합쳐도 그 힘을 당할 수 없어."

두꺼비는 두려움으로 벌벌 떨었어요.

천체 사이의 거리를 나타내는 단위, 광년

우주는 사람들이 생각하는 것보다 너무 넓어서 km와 같은 단위로는 은하계 간의 거리는 물론이고, 항성과 행성 사이의 거리 등을 측정하여 나타내기 어려워. 그래서 멀리 떨어진 천체들 사이의 거리를 재는 데 쓰이는 AU와 광년이라는 단위를 새로 만들었어. 1AU는 태양과 지구 사이의 거리인 약 1억 5000만 km를 말하고, 1광년은 빛이 진공 속을 1년 동안 나아가는 거리인 약 9조 4600만 km를 나타내는 단위야. 빛은 진공 속에서 1초 동안에 약 30만 km를 간다니, 그 빛이 1년 동안 간 거리는 얼마나 멀고 어마어마한 걸까? 태양계에서 가장 가까운 별도 4.3광년, 그러니까 빛의 속도로도 4년 넘게 가야 하는 거리라고 해.

"최대한 뒷부분에 무게 중심을 두어야 하니 모두 제일 뒤쪽으로 가 주시기 바랍니다."

미리내 3호의 말을 듣자마자 모두 뒤쪽으로 뛰었어요. 중간쯤 가던 두꺼비가 우뚝 멈춰 섰어요.

"뒤로 간다고 해서 열차가 블랙홀의 힘에 맞설 수는 없어요."

두꺼비는 그 자리에 서서 폴짝폴짝 높이 뛰어올랐어요. 거의 천장까지 뛰어오르더니 소리를 질렀어요.

"하느님, 저의 잘못을 반성합니다. 제 것이 아닌 것을 탐해서 이런 모습이 되었지만 이 사람들은 도와주세요. 저는 남편을 만나지 못해도 됩니다. 하지만 오늘이는 부모님을 만나게 해 주세요."

"두꺼비야, 왜 그래? 진정해."

오늘이는 두꺼비를 잡으려 손을 뻗었지만 잡히지 않았어요.

"나를 희생하면 한 가지 소원은 들어주게 되어 있어요. 난 그 소원을 남편을 만나는 걸로 생각했지만, 처음 나를 받아 준 오늘이가 이대로 블랙홀 속으로 빨려 들어가게 둘 순 없어요."

두꺼비는 이상한 소리를 내며 간절히 빌었어요.

"꾸악 꾸악 깨악깨악 끄르륵 꾸르륵 꾸왕꾸왕……."

두꺼비의 외침은 한동안 계속되었어요. 귀를 막고 싶을 정도로 소리가 괴상했지만, 왜 그러는지 알기 때문에 아무도 인상을 찌푸리지 않았어요.

조금 뒤, 미리내 3호는 어떤 힘에 이끌려 차츰 블랙홀에서 벗어나기 시작했어요.

"아아! 블랙홀에서 멀어지고 있습니다. 다시 제 길에 들어섰습니다. 이제 안심하십시오."

미리내 3호의 안내 방송이 들렸어요. 모두 긴장이 풀린 탓인지 바닥에 털썩 주저앉았어요. 그때, 두꺼비가 픽 쓰러졌어요. 자신이 가지고 있는 모든 힘을 다 쏟아부은 것 같았어요.

"두꺼비야, 정신 차려. 정신 차려."

오늘이와 견우가 소리쳤지만 두꺼비는 아무 말도 못했어요.

회색거미가 젖은 수건으로 두꺼비의 등을 덮어 주었어요. 오늘이는 두꺼비가 제발 정신이 들기를 바랐어요. 두꺼비가 가려고 했던 푸른 별이 가까워 오는데 영영 깨어나지 못하면 너무나 슬픈 일이니까요.

"조금 있으면 두꺼비가 가려고 하는 푸른 별이 나타나요. 그곳에는 하늘로 올라가는 통로가 있대요."

오늘이가 견우에게 설명해 주었어요. 회색거미는 푸른 별에 닿을 때까지 아무 말도 하지 않았어요.

그렇게 미리내 3호는 푸른 별에 도착했어요. 회색거미는 두꺼비를 푸른 별에 내려 줘야 할지, 데리고 가야 할지 망설였어요.

"아직 두꺼비가 깨지 못했지만 푸른 별에 내려 줘야 할 것 같아."

오늘이의 말에 회색거미도 동의했어요. 오늘이는 두꺼비를 두 손에 들고 미리내 3호에서 내렸어요. 견우가 살고 있던 행성과 달리 푸른 별에서는 좋은 향기가 났어요. 바람에서는 물 냄새가 났어요. 꽃과 나무가 보이지 않는 게 이상했지만 공기는 맑고 깨끗했어요.

"오, 내 사랑."

갑자기 땅에서 솟아난 듯 사람이 나타났어요. 그 사람은 견우보다 나이가 들어 보이고 옷도 깔끔하게 입고 있었어요. 그 사람은 두꺼비를 두 손으로 받았어요.

"당신이 이런 모습이 되도록 버려두었던 나를 용서해 주시오. 이렇게 만났는데 눈을 좀 뜨시오."

그 사람은 두꺼비를 안고 눈물을 흘렸어요. 눈물이 두꺼비의 얼굴에 떨어졌어요. 그러자 손 위에 있던 두꺼비의 몸에서 하얀 연기가 솟아나더니 금세 주위를 가렸어요.

"부인, 부인!"

오늘이는 두꺼비를 보고 부인이라고 하는 남자가 이상하게 보였어요. 아직도 두꺼비가 하늘나라 선녀였다는 걸 믿을 수 없었어요.

"서방님."

연기가 걷히고 두꺼비의 목소리가 들렸지만 두꺼비는 보이지 않았어요. 사람들 앞에는 어여쁜 항아가 서 있었어요.

"아, 아니, 두… 두꺼비는……."

견우는 너무 놀라 말까지 더듬었어요.

"당신의 눈물 한 방울로 저의 저주는 풀렸어요. 당신의 불사약을 훔쳐 먹은 죄 값을 다 받았어요. 여기 당신의 불사약이 있어요."

두꺼비, 아니 항아는 남편에게 불사약을 주었어요.

"이제 이건 소용없소. 오래 사는 것이 중요한 게 아니라 누구와 사는 것이 중요하다는 걸 이제는 깨달았소. 하느님은 우리 둘을 천상의 나라로 불러 올리셨소."

"어머나, 잘되었어요. 항아님. 축하합니다."

오늘이가 박수를 치며 좋아했어요.

"저를 이곳까지 데려다주어서 감사해요."

항아도 오늘이에게 고마움을 표시했어요.

"항아, 당신이 진심으로 다른 사람들을 위해 자신의 목숨을 기꺼이 내어놓는 것을 보고 감명받았소. 이제 이 기차는 우주를 여행하는 동안 절대 나쁜 일이 없을 것이오."

항아의 남편이 말했어요.

블랙홀에 빨려 들어가는 것을 온몸으로 막아 낸 달 두꺼비의 정성이 미리내 3호를 위험에서 건져 낸 것이었어요. 오늘이는 항아에게 고개를 숙여 고맙다고 인사했어요.

"자, 가야 할 길이 머니 어서 기차에 오르자."

회색거미가 재촉했어요.

오늘이와 견우는 항아와 남편에게 작별 인사를 하고 미리내 3호에 올라탔어요. 미리내 3호가 천천히 움직이기 시작했어요.

우주 속의 신비, 블랙홀

블랙홀은 주위에 있는 것들을 모두 빨아들이는 우주의 검은 구멍이다. 중력이 너무 커서 빛조차도 빠져나가지 못하기 때문에 우리 눈으로는 볼 수 없다. 블랙홀로부터의 탈출이 불가능해지는 가장자리 경계선을 '이벤트 호라이즌(사건의 지평선)'이라고 한다.

시그너스 X-1 블랙홀

대단히 큰 별조차 끌어들이는 시그너스 X-1 블랙홀을 표현한 그림이다. 1964년, 백조자리에 있는 '시그너스 X-1' 블랙홀을 기상 탐측 로켓에 실려 있던 X선 관측 기구들이 발견하면서 블랙홀이 실제로 존재한다는 것이 처음으로 밝혀졌다.

이벤트 호라이즌 전파 망원경으로 관측한 블랙홀의 모습

2019년 4월, 우리나라에서도 8명의 연구진이 참여한 이벤트 호라이즌 망원경(EHT) 연구팀은 처녀자리 A 은하에서 인류 최초로 찍은 블랙홀의 사진을 공개했다. 이 블랙홀의 질량은 태양의 약 65억 배이다. 블랙홀은 주변에서 발생한 빛이 블랙홀의 강한 중력에 의해 휘어져서 둥글게 휘감기며 약간 기울어진 고리 모양의 구조 안쪽에 있는 것으로 나타났다. 지구 전역에 흩어진 8대의 전파 망원경이 보낸 데이터를 분석하여 블랙홀의 실제 모습을 이미지화했다.

블랙홀은 왜 생길까?

블랙홀이 생기는 까닭은 별의 일생과 관련이 깊다. 우주의 별도 사람처럼 태어나고 죽는 과정을 거치는데, 별이 가진 질량에 따라 다르다. 작은 별은 수소를 태우고 줄어들며 조용히 사라지지만, 태양보다 큰 별은 팽창하면서 뜨거워지고 핵반응을 일으키며 '적색 초거성'으로 변한다. 그러다 엄청난 에너지를 뿜어내며 폭발하는데 이를 '초신성 폭발'이라고 한다. 질량이 태양의 20배 이상인 별은 폭발 후에 바깥층은 모두 먼지 등으로 사라지고 중심부만 남는데, 이 중심부가 점점 줄면서 블랙홀이 된다. 블랙홀은 작은 크기에 엄청난 질량을 갖게 되고 중력 또한 어마어마하게 강해져서 모든 것을 빨아들이는 천체가 된다.

초신성이 폭발하는 모습을 표현한 상상도

제2의 지구 찾기는 계속 진행해야 하는가, 멈춰야 하는가?

인간이 생존할 수 있는 '제2의 지구' 찾기 프로젝트를 진행하고 있는 NASA가 생명체 존재 가능성이 있는 태양계 외부 행성 1284개를 찾아냈다. 이번에 발견된 행성 중 일부는 지구와 매우 흡사한 크기와 구성을 가진 것으로 밝혀져 '외계 지구'로서의 가능성에 관심이 집중되고 있다.

NASA는 10일 성명을 내고 케플러 우주망원경을 이용한 관측 자료를 토대로 분석한 결과 태양계 외부에서 1284개의 행성을 추가로 발견했으며 이 중 99%가 중력·온도 등의 여건이 지구와 비슷해 생명이 존재할 가능성이 있다고 밝혔다. 이로써 앞서 발견한 1041개의 행성과 함께 제2의 지구 후보는 모두 2325개로 늘었다.

케플러-1229b 행성(상상도)

NASA에 따르면 이번에 발견된 행성들 중 약 550개가 지구와 같이 암석으로 구성돼 있고, 그중 9개는 행성 표면에 액체 상태의 물이 존재할 가능성이 있는 환경을 갖췄다. NASA 에임스 연구센터의 나탈리 바탈하 연구원은 "지금까지 찾아낸 외계 행성 가운데 물이 존재할 가능성이 있는 행성은 21개, 지구 크기와 비슷한 행성은 100개가 넘는다."고 밝혔다. 특히 '케플러-1229b'라는 행성은 지구와 비슷한 크기로 지난해 7월 발견된 태양에서 약 1400광년 떨어진 '케플러-452b'보다 외계 지구로서의 가능성이 더 높은 것으로 주목받고 있다.

문화일보 2016/05/11

만약 제2의 지구를 찾는 시간과 노력이 지구 환경을 안전한 상태로 돌려놓는 것보다 경제적으로나 시간적으로 더 낫다면 제2의 지구로 이주하는 것이 좋을까요, 아니면 시간이 걸리더라도 우리의 고향인 지구 환경을 살기 좋은 곳으로 바꾸어 나가는 것이 좋을까요?

4장 은하 별의 외계인

누가 옳을까?

블랙홀에 대해서 틀린 내용을 말한 친구는 누구일까?

블랙홀은 중력이 세서 가까이 있으면 바로 빨려 들어가고 말 거야.
은유

블랙홀은 빛조차 삼켜 버리는 우주의 진공청소기야.
은혜

블랙홀은 실제로는 존재하지 않아.
지영

블랙홀은 우리 눈으로는 볼 수 없어.

블랙홀이 생기는 까닭은 초신성 폭발과 관련이 있어.
지호

현지

정답: 지영

5장

다시 지구로

🪐 은하수에 도착하다

달 두꺼비가 남편과 만나는 것을 본 견우는 시무룩해졌어요. 그냥 화성에 남아 색시가 올 때까지 기다렸어야 하는 건 아니었을까 하는 생각도 들었어요.

"그곳을 떠난 것이 잘한 걸까?"

견우가 고개를 갸웃거리며 말했어요.

"당신이 그곳에서 색시를 만날 수 있는 확률은 0%예요."

회색거미가 대답했어요.

"분명히 당신에게 어울리는 색시를 찾을 수 있을 거예요."

오늘이는 울상이 된 견우에게 위로의 말을 건넸지요.

견우는 고개를 끄덕이며 미소를 지어 보였어요.

"그런데 그 울퉁불퉁 못생긴 두꺼비가 그렇게 예쁜 선녀로 변하다니 정말 놀랐어요."

견우는 지금도 믿기지 않는다는 듯한 표정을 지었어요.

"그러니까 겉으로 보이는 모습만 보고 판단하면 안 돼요. 그것이 사람이든 사물이든."

회색거미는 진지하게 말했어요.

견우가 화제를 돌렸어요.

"나에게 맞는 색시는 어떤 사람일까요?"

"그건 당신이 어떤 사람이냐에 달렸지요. 당신이 평생을 기다리는 정성을 보였으니 색시가 될 사람도 어디선가 당신을 기다리고 있지 않을까요?"

회색거미의 말에 오늘이는 감동했어요. 회색거미도 낭만적인 말을 할 줄 안다는 것이 신기했어요.

"잠시 후 별밭에서 휴식을 취한 다음 다시 출발하겠습니다."

미리내 3호의 안내 방송이 다시 나왔어요.

"별밭?"

오늘이가 회색거미를 쳐다보았어요. 회색거미는 오늘이의 말이 끝나자마자 허공에 화면을 띄웠어요. 화면 아래에 자막으로 은하수에 대한

설명이 나왔어요.

"별밭은 은하수를 말합니다. 은하수는 우리말로, 용(龍)의 옛말인 '미르'가 변한 '미리'와 천(川)의 내를 합쳐 '미리내'라 부르죠. 공기가 좋은 시골 밤하늘을 올려다보면 하늘을 가로지르는 뿌연 빛의 띠를 볼 수 있는데, 이것이 바로 은하수, 즉 우리은하의 모습입니다. 우리는 은하수를 통해 우리은하의 일부 모습을 볼 수 있지만, 숲속에서 숲 전체의 모습을 보기 어려운 것처럼 우리은하의 모습을 두루 볼 수는 없습니다. 그러나 전파를 통해 우리은하는 가운데에 막대 구조가 있고 나선 팔이 느슨히 감긴 모양으로서, 지름은 약 10만 광년이라는 것을 알 수 있게 되었습니다. 최근의 연구 결과, 우리은하 중심에는 지름 24㎞ 크기의 블랙홀이 있다는 것이 밝혀졌습니다."

오늘이가 화면을 보며 읽었어요.

"우리은하는 1610년 갈릴레오 갈릴레이가 최초로 망원경으로 관측했으며, 수많은 별의 집단이라는 것도 알아냈어. 우리은하의 중심부는 궁수자리 방향에 있고, 은하면은 북쪽의 카시오페이아자리에서 남쪽의 남십자자리까지 이어진단다. 다시 말해 은하수는 우리은하 나선 팔에 존재하는 수많은 별들의 집단이야."

회색거미가 덧붙여 주었지요.

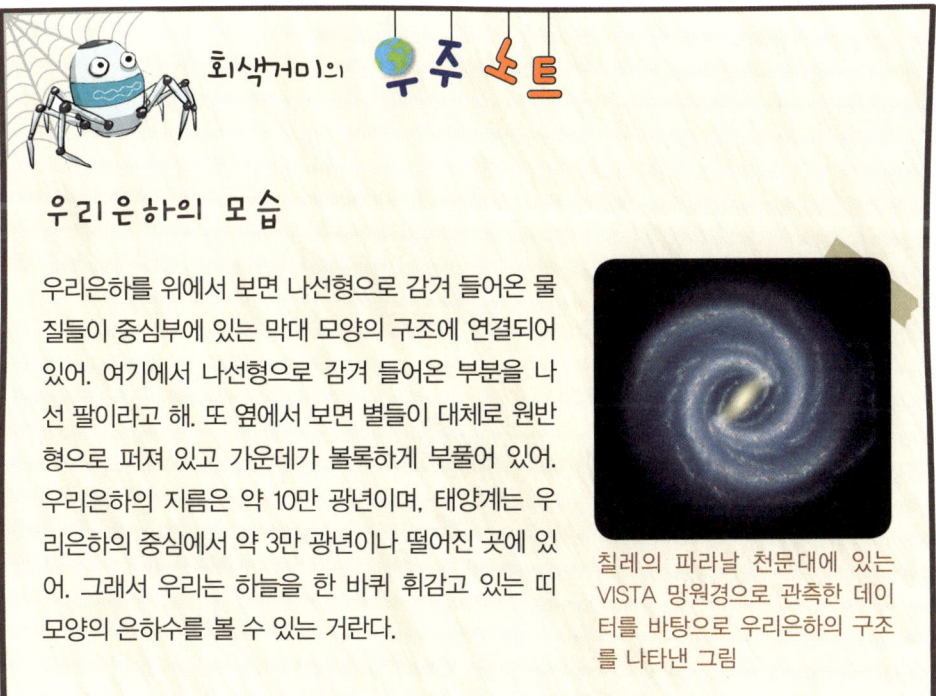

회색거미의 우주 노트

우리은하의 모습

우리은하를 위에서 보면 나선형으로 감겨 들어온 물질들이 중심부에 있는 막대 모양의 구조에 연결되어 있어. 여기에서 나선형으로 감겨 들어온 부분을 나선 팔이라고 해. 또 옆에서 보면 별들이 대체로 원반형으로 퍼져 있고 가운데가 볼록하게 부풀어 있어. 우리은하의 지름은 약 10만 광년이며, 태양계는 우리은하의 중심에서 약 3만 광년이나 떨어진 곳에 있어. 그래서 우리는 하늘을 한 바퀴 휘감고 있는 띠 모양의 은하수를 볼 수 있는 거란다.

칠레의 파라날 천문대에 있는 VISTA 망원경으로 관측한 데이터를 바탕으로 우리은하의 구조를 나타낸 그림

"여름밤에 할망과 함께 들판에 누우면 반짝이는 별무리가 보였어. 그곳으로 가는 거야?"

오늘이는 할망과 보았던 별무리에 직접 갈 수 있어 설레었어요.

"은하수에는 블랙홀이 있다던데, 또 빨려 들어가면 어떡해요?"

견우가 얼굴을 찡그렸어요.

"아, 그땐 느닷없이 끌려간 것이지요. 지금은 어디에 있는지 아니까 미리내 3호가 잘 피해서 갈 거예요."

회색거미의 말에 견우도, 오늘이도 안심했어요.

"그러고 보니 할망에게 옛날이야기를 들었던 기억이 나요. 은하수 양쪽에 아주 밝은 별이 있었대요. 그 별에는 각각 베를 짜는 여인과 소를 모는 목동이 살고 있었는데, 두 사람은 서로 사랑하지만 은하수에 가로막혀 있어 만날 수가 없었대요. 그런데 하느님이 둘을 불쌍하게 여겨 일 년에 딱 하루만 만날 수 있게 해 주었어요. 어쩌면 그 이야기처럼 은하수에 가면 베를 짜는 여인이 살고 있을지도 몰라요."

오늘이가 기억을 끄집어냈어요.

"소를 모는 목동? 혹시 나를 두고 한 말은 아닐까요?"

견우는 가슴이 쿵쿵 뛰었어요.

"아, 그 이야기가 정말이면 좋겠다."

오늘이도 견우를 응원했어요.

미리내 3호가 서서히 속도를 줄이더니 은하수에 도착했어요.

"은하수에선 별들의 움직임이 많기 때문에 오래 있을 수 없습니다. 얼른 내려서 둘러보고 타십시오. 그동안 저는 다시 떠날 준비를 하겠습니다."

미리내 3호의 문이 스르륵 열리며 안내 방송이 나왔어요..

은하수는 견우가 살던 행성과는 달리 밝고 환했어요. 집집마다 작은 등이 달려 있었지요. 견우는 누렁이를 데리고 내렸어요. 누렁이는 은하수에 내리자마자 어디론가 빠르게 걸어갔어요. 견우와 오늘이는 누렁이를 쫓아갔어요. 누렁이는 어느 집 앞에 멈춰 서더니 머리로 대문을 자꾸 들이받았어요.

"누렁아, 왜 그래? 그러다가 주인이 나와서 혼내면 어떻게 하려고."

견우는 누렁이의 코뚜레를 잡고 나지막이 혼냈어요.

"음머, 음머."

누렁이는 꼭 주인을 부르는 것처럼 울었어요.

"누구세요."

작은 실뭉치를 손에 든 여인이 대문을 열고 나왔어요.

"아!"

견우는 여인을 보자마자 첫눈에 반했어요. 여인도 견우를 보자마자 얼굴이 빨갛게 물들었어요.

"저는 화성에서 밭을 갈던 견우라고 합니다."

"저는 은하수 별에서 베를 짜는 직녀입니다."

둘이 인사를 나누는 사이 누렁이는 벌써 집 안으로 들어가 외양간에 떡하니 누웠어요.

안드로메다은하를 향해

"잠시 들어와서 차라도 드시지요."

직녀는 견우와 오늘이를 초대했어요.

"음, 저는 잠깐 기차에 다녀올게요."

견우와 직녀가 단둘이 있는 것이 좋겠다고 생각한 오늘이는 견우가 직녀의 집에 들어가는 것을 보고 미리내 3호로 돌아갔어요.

오늘이는 어쩐지 견우가 찾던 여인이 직녀인 것 같았어요. 그런데 마음이 허전한 건 왜인지 알 수 없었어요.

회색거미는 혼자 돌아온 오늘이를 보고 놀라지 않았어요.

"견우가 색시를 찾은 것 같아."

오늘이가 말했어요.

"나도 알고 있었어. 견우가 찾던 색시가 바로 그 직녀라는 걸. 우리는 이제 떠나 볼까?"

회색거미가 말했어요.

"견우에게 말 안 하고 떠나도 될까?"

"작별 인사는 괜히 부담스러워서. 둘이 잘 살면 됐지 뭐."

회색거미의 말에 오늘이는 고개를 끄덕였어요. 마음속으로 '견우 오빠, 행복하게 살아.' 하고 말했어요. 마음을 전하는 전파가 있다면 분명 견우에게 전해졌을 거라고 생각했어요.

"자, 이젠 출발합니다."

미리내 3호의 소리가 들렸어요.

오늘이는 은하수 마을의 반짝이는 불빛을 바라보며 손을 흔들었어요.

"이제 우리은하를 벗어나 안드로메다은하로 갑니다. 그곳에서 원천강이라고 불리는 곳을 찾아갈 것입니다."

미리내 3호가 고대하던 장소 이름을 알려 주었어요.

"원천강? 원천강? 이제 드디어 부모님을 만날 수 있는 거야?"

오늘이는 너무 설레어서 가슴이 쿵쾅쿵쾅 뛰었어요. 오늘이는 곧 부모님을 만날 수 있다는 생각을 하며 잠이 들었어요.

들판에는 시원한 바람이 불고 있었어요. 할머니는 들판 가운데 앉아

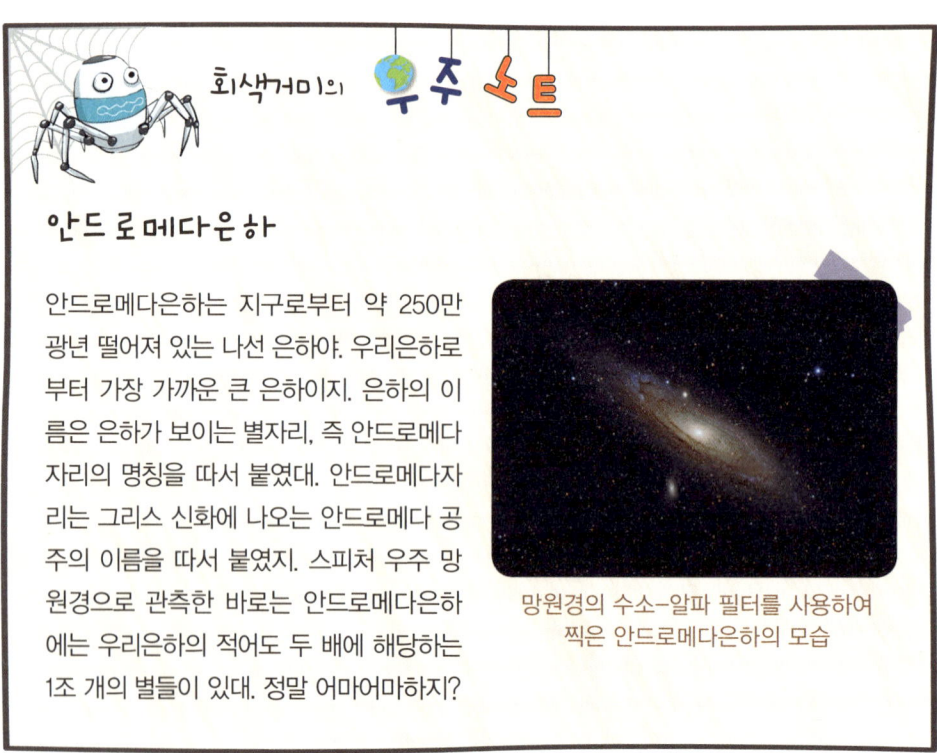

회색거미의 우주 노트

안드로메다은하

안드로메다은하는 지구로부터 약 250만 광년 떨어져 있는 나선 은하야. 우리은하로부터 가장 가까운 큰 은하이지. 은하의 이름은 은하가 보이는 별자리, 즉 안드로메다자리의 명칭을 따서 붙였대. 안드로메다자리는 그리스 신화에 나오는 안드로메다 공주의 이름을 따서 붙였지. 스피처 우주 망원경으로 관측한 바로는 안드로메다은하에는 우리은하의 적어도 두 배에 해당하는 1조 개의 별들이 있대. 정말 어마어마하지?

망원경의 수소-알파 필터를 사용하여 찍은 안드로메다은하의 모습

하늘을 바라보고 있었어요.

"할망, 나 여기 있어요."

오늘이가 손을 흔들며 소리쳤어요. 오늘이는 들판 끝에서 뛰어가고 있었어요. 그런데 할머니는 오늘이를 보지 않고 하늘만 바라보았어요.

오늘이는 할머니를 향해 달려갔어요. 하늘을 바라보는 할머니를 깜짝 놀라게 해 주려고 풀 사이에 숨어 달렸어요.

그런데 아무리 달려도 할머니와의 거리가 좁혀지지 않았어요.

"할망, 할망."

오늘이는 갑자기 겁이 나 할머니를 소리쳐 불렀어요.

"오늘이, 정신 차려. 여긴 할망이 없어."

회색거미가 오늘이를 흔들었어요.

정신을 차린 오늘이는 한동안 멍하니 있었어요. 꿈속에서 할머니가 하늘을 바라보는 것이 꼭 오늘이를 기다리고 있는 것만 같았어요. 오늘이는 갑자기 할머니가 보고 싶었어요. 한 번도 본 적이 없는 부모를 찾는 것이 옳은 것인지, 이제껏 키워 준 할머니와 함께하는 것이 행복한 것인지 알 수가 없었어요.

"할망이 보고 싶어."

오늘이가 말했어요.

"그런데 우리 부모님도 보고 싶고."

오늘이는 부모님을 만날 시간이 가까워지자 오히려 기분이 이상해졌어요.

"이제 조금 있으면 원천강에 닿을 것이고 미리내 3호는 너를 원천강 입구에 내려 줄 거야. 거기서부터 넌 혼자 가야 해."

"그럼, 난 어떻게 돌아갈 수 있어?"

"돌아가? 어디로? 그 들판으로? 부모님을 찾아온 것이 아니었어? 그런데 왜 돌아가?"

회색거미가 질문을 퍼부어 대었어요.

"아니, 혹시 말이야."

"혹시? 난 혹시라는 말은 몰라. 하지만 네가 만약 필요하다면 나에게 다른 명령어가 입력되겠지."

회색거미는 오늘이를 바라보았어요. 오늘이는 자신의 마음을 전혀 이해 못 하는 회색거미가 야속했어요. 오늘이는 떨리기도 하고 한편으론 두렵기도 한 이상한 마음 상태로 있었어요.

"곧 원천강에 도착합니다."

미리내 3호가 말했어요.

오늘이는 심호흡을 했어요. 이제 그리워하던 부모님을 만나게 된다는 생각만 해도 가슴이 두근거렸어요.

"자, 이제 도착했어. 그럼 잘 살아."

회색거미가 말했어요.

"나를 이곳까지 안내해 줘서 고마워. 할망에게 내 안부를 전해 줘."

"할망은 네가 어디로 가는지, 어디에 있는지 다 알고 있어. 지금쯤 네가 도착한 걸 알고 안심하고 있을 거야."

회색거미는 여덟 개의 팔로 오늘이를 안아 주었어요. 얼핏 회색거미의 팔에서 따뜻한 느낌이 든 것 같았어요.

🪐 드디어 부모님을 만나다

오늘이는 마침내 미리내 3호에서 내렸어요.

미리내 3호는 오늘이를 내려 주고는 스르르 미끄러져 갔어요.

오늘이는 가슴을 펴고 할머니가 준 다섯 가지 색이 있는 가방을 메고 내렸어요. 다섯 가지 색은 빨강, 파랑, 노랑, 검정, 하양이었어요.

미리내 3호에서 내리자 긴 다리가 있었어요. 긴 다리는 앞을 볼 수 없게 짙은 안개가 끼어 있었어요.

오늘이는 안개 속으로 성큼성큼 걸어갔어요. 얼마나 걸었을까. 안개가 거짓말처럼 걷히더니 커다란 문이 나타났어요.

"누구냐! 인간 세상에서 어떻게 여기까지 왔느냐?"

문 앞에는 무시무시하게 생긴 거인이 지키고 있었어요.

"나는 오늘이입니다. 부모님을 만나러 왔어요."

"네 부모가 누구인지 나는 모른다. 어서 돌아가라."

거인은 오늘이를 막았어요.

"틀림없이 우리 부모님은 저 문 안에 있어요. 들어가게 해 주세요."

오늘이는 보채고 떼를 쓰고 발을 굴렀어요. 하지만 거인은 꿈쩍도 안 했어요.

"으아아아아앙."

오늘이는 울음을 터뜨리고 말았어요.

"왜 이렇게 소란스러우냐."

대문이 열리고 부모님이 나타났어요. 오늘이는 한눈에 부모님이라는 걸 알아보았어요. 회색거미가 보여 준 영상에서 잠깐 봤을 뿐이지만, 견우가 직녀를 알아본 것처럼 단번에 부모님인 걸 알아보았어요.

부모님도 마찬가지였어요. 오늘이를 보자마자 달려왔어요.

"오, 기다리고 있었다. 할망이 네가 출발했다는 소식을 전해 주었지만 언제 올지 몰라 애타게 기다렸단다. 우리 딸, 오늘아."

부모님이 오늘이를 와락 안았어요.

"보고 싶었어요."

오늘이도 부모님을 꼭 껴안았어요. 부모님은 오늘이가 상상했던 것보다 훨씬 멋지고 아름다웠어요.

"너를 낳은 뒤에 하느님이 이곳을 지키라는 부탁을 했단다. 그때 우리가 이곳을 지키러 오지 않았다면 지구의 사계절은 사라져 버렸을지도 몰라. 네가 중요하지 않아서가 아니라 이곳을 지키는 것이 그만큼 시급한 일이었지. 할망이 충분히 잘할 거라고 믿었고."

어머니가 말했어요. 오늘이는 고개를 끄덕였어요. 할머니와 살면서 한 번도 부족한 것을 느끼지 못했거든요.

이상하게 부모님이 곁에 있다는 느낌이 항상 들었어요.

"네, 이해해요. 어머니."

"이제 네가 왔으니 이곳은 네가 다스려야지."

부모님은 맛있는 음식과 멋진 옷을 주었어요.

원천강은 정말 아름다운 곳이었어요. 네 개의 문을 각각 열면 봄, 여름, 가을, 겨울이 있었어요. 지구의 사계절을 이곳에서 보내 준다고 했어요. 공기는 얼마나 신선한지 오늘이는 숨만 쉬어도 배가 부를 것 같았어요. 물은 깨끗하고 숲은 푸르렀어요. 날마다 꿈같이 행복한 시간을 보냈지요. 하지만 마음 한구석이 불편했어요.

오늘이는 지구의 환경이 생각났어요. 이곳에 있는 공기와 물과 숲을 한 부분이라도 가지고 갈 수 있으면 정말 좋겠다는 생각이 들었어요.

들판에 있는 할머니가 생각났어요. 이제 곧 들판도 먼지와 오염 물질로 덮일 거예요. 그 생각이 들자 오늘이는 벌떡 일어났어요.

"어머니, 아버지. 두 분을 만나게 되어 얼마나 기쁜지 모르겠어요.

하지만 여긴 부모님이 계시니까 제가 당장 다스리지 않아도 아름다운 곳으로 유지되고 있잖아요."

부모님은 오늘이가 하는 말을 유심히 들었어요.

"저는 들판으로 돌아가야겠어요. 이곳처럼 깨끗하고 아름다운 별로 만들고 난 뒤에 다시 찾아올게요."

"오늘아. 미리내 3호는 이미 떠났단다. 그 기차가 아니면 들판으로 돌아갈 수가 없단다."

어머니가 곤란한 표정을 지었어요.

"방법이 있을 거예요. 할망이 저에게 준 것이 있는데 그 주머니를 풀어 보면 뭔가 있을 것 같아요."

오늘이는 할망이 준 오색 주머니를 풀었어요. 그곳에는 여의주같이 생긴 구슬이 있었어요.

"아, 이걸 아직 가지고 있었던 거구나. 구슬에 네 소원을 말해 보거라. 그럼 이루어질 게다."

아버지가 웃으며 말했어요.

"구슬아, 나를 할머니에게 데려다 줘."

오늘이는 두 눈을 감았어요.

얼마 뒤에 눈을 뜨니 미리내 3호가 눈앞에 있지 뭐예요. 그리고 회색 거미가 기차 밖으로 나와 오늘이를 기다리고 있었어요.

"미리내 3호는 원래 출발했던 곳으로 돌아가지 못하는 기차인데 여의주 한 개가 모자라 그런 거였어. 그 여의주를 네가 찾아 주었기 때문에 넌 왔던 곳으로 다시 돌아갈 수 있단다. 어서 타거라."

회색거미가 말했어요.

"어머니, 아버지. 이곳처럼 아름다운 지구를 만든 후에 다시 오겠어요. 여긴 제2의 지구니까요."

"그래, 그동안 우리도 힘껏 이곳을 가꾸고 보호할게."

오늘이는 어머니, 아버지와 작별 인사를 했어요.

오늘이가 미리내 3호에 타자 문이 닫혔어요.

"미리내 3호에 오신 것을 환영합니다. 이제 지구로 출발합니다."

미리내 3호가 말했어요.

오늘이는 들판으로 가면 무엇을 해야 할지 생각하기 시작했어요.

화성을 제2의 지구로 만들기

✦ **1단계 – 대기 조성**
 기압을 높인다. 암모니아, 탄화수소, 수소, 불소 화합물을 투입해 온실 효과를 일으킨다.

✦ **2단계 – 물을 만든다**
 빙하를 녹인다. 주변 소행성에서 채취한다. 기온을 높인 후 인공 강우를 이용한다.

✦ **3단계 – 기온을 높인다**
 온실 효과를 일으킨다. 화석 연료를 태운다.

✦ **4단계 – 식물 심기**
 인조 미생물을 퍼뜨린다. 유전 공학으로 강화된 식물을 심는다.

✦ **5단계 – 거주지 건설**
 레이저 추진 우주선으로 왕복한다. 도시를 건설한다. 3D 프린터로 건물을 짓는다.

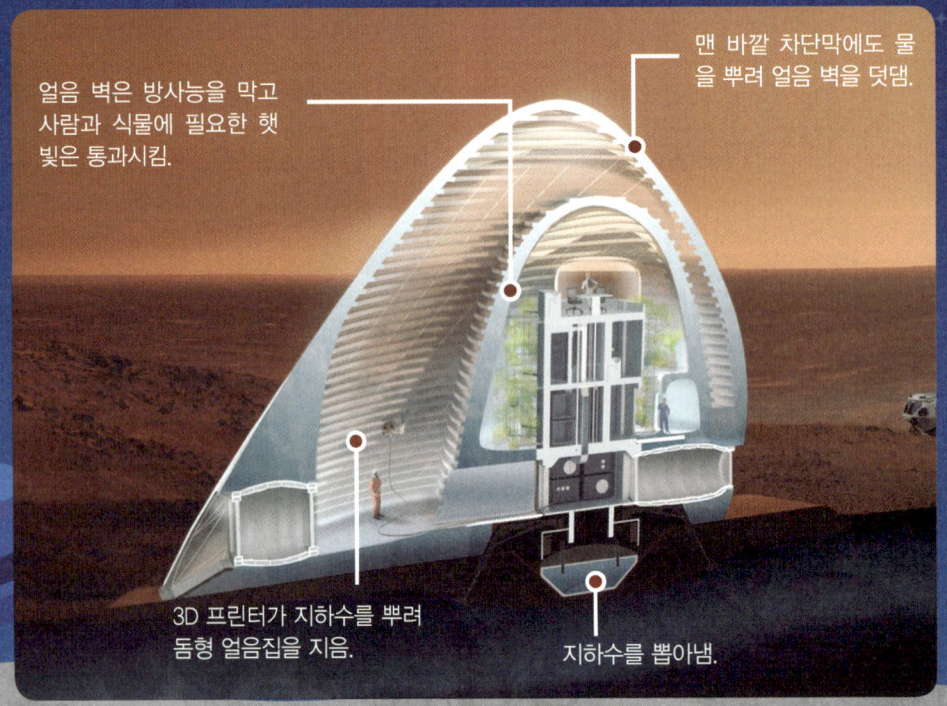

NASA가 제공한 화성의 단계별 테라포밍 상상도. 테라포밍은 지구가 아닌 행성이나 위성 같은 천체를 지구와 비슷한 환경으로 바꾸어 생명체가 살아갈 수 있게 꾸미는 일을 말한다.

화성에 건설한 주거지의 모습(상상도)

제2의 지구 찾기는 실현될 수 있을까?

제2의 지구를 찾는 일을 여기서 멈출 수 없다고 생각한 NASA는 이미 케플러 천체 망원경의 후임을 정해놓았다. 차세대 행성 사냥꾼의 이름은 우연찮게도 토머스 하디의 소설 여주인공 이름과 같은 테스(Transiting Exoplanet Survey Satellite, TESS)이다. 2018년에 우주로 나간 이 사냥꾼의 사냥 방법 역시 케플러처럼 별의 밝기 변화를 관측하는 방식이지만, 관측 기기들의 성능이 보다 우수해 더 넓은 범위에서 더 많은 별들을 관측할 수 있다. 케플러보다 2배쯤 많은 50만 개 이상의 별을 관측할 예정이다.

(중략)

2009년 3월 7일 케플러 망원경을 실은 델타 Ⅱ 로켓이 발사되었다.

이 둘이 과연 얼마나 많은 외계행성들을 발견하게 될까? 그리고 그중에는 생명체가 살고 있는 행성이 있을까? 고등문명을 가진 외계인이 과연 어딘가에 살고 있을까? 또 우리 인류가 이주해서 살 수 있는 행성이 있을까? 이러한 물음들이 현재 천문학이 가지고 있는 최대 화두일 것이다. 우리는 머지않아 그 답을 알 수 있게 될 것이다.

하지만, 정작 제2의 지구를 발견했다 하더라도 거기까지 갈 수 있느냐 하는 것은 또 다른

지금까지 관측된 행성들 중 지구와 가장 유사한 행성이라고 알려진 프록시마 b를 암석형 행성으로 가정하여 표현한 그림

문제다. 현재 인류가 얻을 수 있는 최고 속력은 초속 17㎞이다. 보이저 1호가 여러 차례 중력 보조를 받은 끝에 얻은 이 속도는 무려 총알의 20배에 가깝지만, 이 속도로도 가장 가까운 별인 4.2광년 거리의 센타우루스자리 프록시마에 가는 데만도 8만 년이 걸린다.

이처럼 인류는 이 우주 공간에서 '거리'라는 장벽으로 완벽히 격리되어 있어 과연 이를 벗어날 수가 있을까에 많은 과학자들은 회의하고 있다. 지금부터라도 지구가 더이상 파괴되지 않도록 잘 보존하는 것이 인류에게 보다 현실적인 방안이라는 견해가 여전히 큰 힘을 얻고 있는 것은 바로 그 때문이다. 하지만 무엇보다 분명한 것은 인류에게 이 지구보다 아름다운 행성은 어느 우주에도 존재하지 않을 거라는 사실이다.

자료: 청소년이 꼭 알아야 할 과학이슈11

알맞은 내용 연결하기

네 명의 과학자들이 생각한 은하수의 모습을 그림으로 그렸어. 알맞게 짝지어 보렴. 참고로 현재는 은하는 막대 구조라는 설이 유력해. 이 중에서는 섀플리의 상상과 제일 비슷하지.

1. 갈릴레이
은하수는 마치 하늘에 우유를 뿌려 놓은 것처럼 보이는 별들의 집단이야.

ㄱ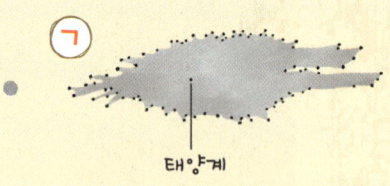
태양계

2. 라이트
은하수는 아마 볼록 렌즈 모양일 거야. 한쪽에는 별들이 많고 다른 쪽에는 별들이 적어서 말야.

ㄴ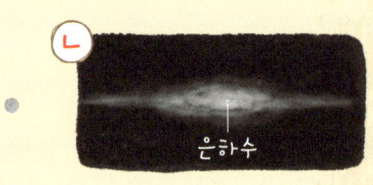
은하수

3. 허셜
은하수 별들의 세계는 원반 모양이고 그 중심에는 태양이 있을 거야.

ㄷ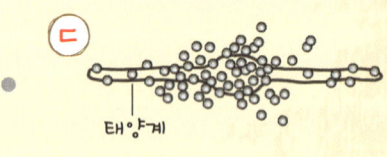
태양계

4. 섀플리
은하수는 편평한 원반이며 태양계는 그 외곽에 위치하고 있을 거야.

ㄹ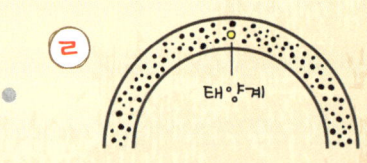
태양계

정답: 1-ㄷ 2-ㄴ 3-ㄱ 4-ㄹ

북반구와 남반구 적도를 경계로 지구를 둘로 나누었을 때 지구의 양쪽 끝인 남극 지방과 북극 지방을 말한다. 기온이 낮아 여름에도 식물이 거의 자라지 못한다. 아름다운 빛무늬인 오로라, 밤에 어두워지지 않는 현상인 백야 등을 볼 수 있다.

분화구 땅속 마그마가 용암이나 화산 가스를 땅 위로 분출하는 구멍. 보통 지름이 수십에서 수백 m인데, 하와이의 킬라우에아 화산의 산꼭대기에 있는 할레마우마우 화구는 지름이 1㎞에 달한다.

산화철 철과 산소의 화합물. 분자 속에 함유된 산소의 수에 따라 일산화물·이산화물·삼산화물로 나뉘고, 그 성질에 따라 산성·중성·염기성으로 나뉜다.

은하 우주를 구성하고 있는 단위로, 수천억 개의 별과 가스 성운·암흑 성운 등으로 이루어져 있다. 대부분의 은하는 몇 개에서 1만여 개에 이르는 은하들로 구성된 은하단에 속해 있으며, 각 은하에는 보통 10억~1000억 개의 별이 있다.

위성 행성의 인력에 의하여 그 둘레를 도는 천체. 지름이 수 ㎞밖에 안 되는 작은 위성부터 반지름이 1천~3천 ㎞에 이르는 큰 위성까지 다양하다. 지구는 1개, 화성은 2개, 목성은 79개, 토성은 60개, 천왕성은 27개, 해왕성은 13개 이상의 위성을 거느리고 있으며, 태양계에는 160개가 넘는 위성이 있는 걸로 알려져 있다. 지구의 위성은 달이다.

행성 중심 별의 주위를 타원 궤도를 그리며 도는 천체. 스스로 빛을 내지 못하고, 중심 별의 빛을 받아 반사한다. 태양계에는 수성, 금성, 지구, 화성, 목성, 토성, 천왕성, 해왕성의 여덟 개 행성이 있다.

홀로그램 두 개의 레이저광이 서로 만나 일으키는 빛의 간섭 현상을 이용하여 입체 정보를 기록하고 재현하는 기술로써 촬영한 영상이나 사진을 말한다.

제2의 지구 관련 사이트

천문우주연구원 www.kasi.re.kr
천문우주과학의 연구 개발을 종합적으로 수행하는 천문우주연주원의 홈페이지. 우리나라 천문 우주 개발에 관련된 정보나 소식 등을 찾아볼 수 있어요.

천문노트 astronote.org
비영리단체에서 운영하는 천문 정보 관련 사이트. 별과 우주를 좋아하는 사람들이 올린 자료와 정보, 사진 등을 볼 수 있어요

한국항공우주연구원 www.kari.re.kr
항공 우주 과학 기술 개발을 위해 설립된 한국항공우주연구원의 홈페이지. 항공, 무인 이동체, 인공위성, 우주 발사체, 달 탐사 등에 관련된 정보와 사진을 볼 수 있어요.

사이언스올 www.scienceall.com
우리나라 과학 기술 정보 사이트. 과학에 대한 백과 지식을 검색해 볼 수 있고, 과학 관련된 정보나 행사 소식, 동영상 등을 찾아볼 수 있어요.

충주고구려천문과학관 www.gogostar.kr
충청북도 충주에 있는 고구려천문과학관의 홈페이지. 별을 좋아하고 관측하기를 즐기는 사람들이 회원제로 운영하고 있으며 다양한 천체 사진 및 관람 정보를 찾아볼 수 있어요.

영어 **미국 항공우주국** www.nasa.gov
미국 정부의 우주 기구인 미국 항공우주국(NASA)에서 공식 운영하는 홈페이지. 지구, 화성, 달 등과 관련된 최근 정보와 탐사 소식 그리고 관련된 사진 등을 볼 수 있어요.

신나는 토론을 위한 맞춤 가이드

제2의 지구에 대한 내용을 재미있게 읽었니? 이제 제2의 지구 찾기 박사가 된 것 같다고? 그 전에 마지막 단계인 토론을 잊지 마세요. 토론을 잘하려면 올바른 지식과 다양한 정보가 바탕이 되어야 해요. 책을 다 읽고 친구 또는 엄마와 함께 신나게 토론해 봐요!

잠깐! 토론과 토의는 뭐가 다르지?

토론과 토의는 모두 어떤 문제를 해결하기 위해 의견을 나누는 일입니다. 하지만 주제와 형식이 조금씩 달라요. 토의는 여러 사람의 다양한 의견을 한데 모아 협동하는 일이, 토론은 논리적인 근거로 상대방을 설득하는 일이 중요합니다. 토의는 누군가를 설득하거나 이겨야 하는 것이 아니기 때문에 서로 협력해서 생각의 폭을 넓히고 좋은 결정을 내릴 때 필요해요. 반면 토론은 한 문제를 놓고 찬성과 반대로 나뉘어 서로 대립하는 과정을 거치지요.
넓은 의미에서 토론은 토의까지 포함하는 경우가 많습니다. 토론과 토의 모두 논리적으로 생각 체계를 세우고, 사고력과 창의성을 높이는 데 도움을 준답니다.

토론의 올바른 자세

말하는 사람
1. 자신의 말이 잘 전달되도록 또박또박 말해요.
2. 바닥이나 책상을 보지 말고 앞을 보고 말해요.
3. 상대방이 자신의 주장과 달라도 존중해 주어요.
4. 주어진 시간에만 말을 해요.
5. 할 말을 미리 간단히 적어 두면 좋아요.

듣는 사람
1. 상대방에게 집중하면서 어떤 말을 하는지 열심히 들어요.
2. 비스듬히 앉지 말고 단정한 자세를 해요.
3. 상대방이 말하는 중간에 끼어들지 않아요.
4. 다른 사람과 떠들거나 딴짓을 하지 않아요.
5. 상대방의 말을 적으며 자기 생각과 비교해 봐요.

체계적으로 생각하기
우주 탐사 기술이 우리의 생활에 끼친 영향은?

우주 탐사 기술 개발에는 엄청난 비용이 들어가요. 예를 들어 아폴로 우주 탐사선 발사 때 당시 미국 돈으로 250억 달러(약 27조 9800억 원)이 들었는데, 이는 지금의 화폐 가치로 환산하면 100조 원 이상의 막대한 비용이라고 해요. 이 과정에서 개발에 성공한 첨단 과학 기술은 우리들의 삶의 방식을 바꾸고, 또 풍요롭게 만들어 왔어요. 구체적으로 어떤 사례들이 있을까요?

✦ 전 세계를 하나로 잇는 인공위성

현재 전 세계의 사람들은 지구 정지 궤도에 떠 있는 수십 개의 통신 위성을 이용해 실시간으로 통신을 주고받고 인터넷을 통해 정보를 얻어요. 또한 라디오나 텔레비전 방송 등 다양한 방송 서비스를 받고 있어요. 날씨나 대기 환경 예보를 받을 수 있는 것 역시 우주에서 지구의 대기를 끊임없이 관측하고 있는 기상 위성 덕분이에요.

✦ 운전자에게 길을 찾아 주는 자동차의 내비게이션

이제 운전자들에게 필수품이 된 내비게이션은 약 2만 km 위의 상공에 떠 있는 GPS 위성이 위치 정보를 계산할 수 있는 신호를 보내 주기 때문에 가능한 일이에요.

✦ 조리를 편리하게 하는 전자레인지와 장기 보관 식품

많은 가구의 부엌에서 흔히 볼 수 있는 전자레인지는 미국 항공 우주국이 아폴로 우주 탐사선 발사 때, 좁은 우주선 안에서 간단히 음식을 조리할 수 있도록 개발한 장비였어요. 통조림 등의 장기 보관 식품도 원래 우주인을 위해 개발한 음식이에요.

✦ **깨끗한 물을 마시게 한 정수기와 진공청소기**

수돗물에서 나올 수 있는 해로운 물질을 걸러주는 정수기는 원래 아폴로 우주선의 식수 문제를 해결하기 위해 개발된 이온 여과 장치 기술로 만들어진 것이에요. 집 안의 먼지를 빨아들이는 진공청소기도 중력이 없는 우주선에서 심각한 먼지 문제를 해결하기 위해 개발된 거랍니다.

✦ **눈을 보호하는 선글라스와 특수 안경**

강렬한 햇빛으로부터 눈을 보호하기 위해 쓰는 선글라스는 우주에서 유해한 태양 빛을 차단해야 하는 우주 비행사의 헬멧 제작을 위해 개발한 특수 코팅 기술로 만들어진 것이에요. 또 겨울철에 성에가 끼지 않게 해 주는 특수 스키 안경도 아주 추운 우주의 극한 환경에서 사용하기 위해 개발한 기술을 응용한 것이에요.

인류의 역사를 되돌아볼 때 가장 획기적인 사건은 지구를 벗어나 우주로 탐사를 나갔다는 것이에요. 우주 탐사기술이 우리의 생활에 끼친 영향은 무시할 수 없는데, 우주 개발을 목적으로 발명된 제품 중 우리의 일상생활에 늘 쓰이게 된 것에는 무엇이 있는지 더 알아보세요.

우주 탐사 경쟁이 치열해진 까닭은?

우주 탐사 경쟁으로 시작된 우주 기지 개발 움직임이 여러 나라에서 활발하게 진행되고 있어요. 그 까닭은 무엇인지 아래 글을 읽어 보고 생각해 보세요.

예전의 우주 탐사는 마치 전쟁 같았다. 1950~1960년대에는 미국과 옛 소련(러시아) 두 강대국만 로켓 기술을 갖고 있었고, 이를 통해 누가 먼저 우주로 나가느냐, 누가 먼저 우주로 사람을 보내느냐, 그리고 누가 먼저 달에 발을 딛느냐 등에 엄청난 돈과 인력을 투자하며 경쟁을 벌였기 때문이다.

초기 우주 탐사가 아주 빠른 속도로 진행될 수 있었던 것은 바로 이런 분위기 덕택이었다. 무게 90㎏이 채 되지 않는 쇳공일 뿐이던 소련의 스푸트니크 1호가 수백 ㎞ 상공의 지구 궤도를 처음 돈 것은 1957년인데, 세 명의 사람을 실은 아폴로 11호가 38만 ㎞나 떨어진 달에 착륙한 것이 불과 12년 뒤인 1969년이었으니 말이다.

요즈음도 세계 각국에서는 우주 탐사 계획을 속속 발표하고 있다. 미국은 2030년대 중반까지 화성에 유인 우주선을 보낼 계획을 발표했으며, 러시아와 유럽의 여러 나라들은 팀을 이루어 화성 탐사 프로젝트를 시행하고 있다. 우리나라도 달 탐사선을 개발하고 있으며, 2019년에 쏘아올릴 계획이었으나 아직 여러 기술상의 문제를 보완하고 있는 상황이다.

1. 우리나라는 국가 예산의 많은 부분을 과학 기술 개발 분야에 쓰고 있으며, 우주 탐사에 많은 노력을 기울이고 있어요. 우리나라에서 과학 기술을 개발하고 우주 탐사에 주력해야 하는 까닭에 대해 생각해 보세요.

2. 세계의 많은 나라에서 서로 경쟁하듯이 우주 탐사에 뛰어들고 있어요. 만약, 여러 나라에서 화성 탐사선, 유인 우주선, 화성 기지 건설 등의 방법으로 화성 탐사에 성공했다면, 화성이 자국의 영토라고 우선적으로 주장할 수 있는 근거는 무엇이 될 수 있는지 생각해 보세요.

창의력 키우기
'나'만의 우주여행 상품

때는 2050년, 우주여행을 자유롭게 할 수 있는 시대에 살고 있어요. 저는 우주여행 상품을 파는 여행사 사장입니다. 여행할 행성, 교통수단, 여행 기간, 그 행성의 환경, 우리가 보고 경험할 것, 여행에 필요한 물품 등의 내용을 넣어 여러분의 우주여행 상품을 만들어 보세요.

✩ 여행할 행성:

✩ 행성 환경:

✩ 여행 기간:

✩ 교통수단:

✩ 관광 프로그램:

✩ 준비물:

✩ 기타:

예시 답안

우주 탐사 기술이 우리의 생활에 끼친 영향은?

정수기, 자기 공명 영상(MRI) 장치, 화재 경보기, 휴대용 진공청소기, 에어쿠션 신발, 자동차의 에어백, 음성 인식 휠체어 및 다양한 첨단 소재 등

우주 탐사 경쟁이 치열해진 까닭은?

1. 우리나라의 국가 발전을 위해 우주 탐사에 힘써야 한다. 또한 우주 탐사를 위해 많은 기술이 개발되면 우리의 생활에도 영향을 주어 생활이 편리해진다. 우주 탐사 기술은 첨단 과학 분야로, 다른 산업의 발전에도 영향을 주게 된다. 또한 환경 오염이 심각한 오늘날 지구에서 더 이상 사람이 살 수 없게 되었을 경우, 사람들이 살 수 있는 제2의 지구가 필요하기 때문에 우주 탐사에 많은 노력을 기울여야 한다.

2. 화성에 탐사선을 보내고, 나아가 다른 나라보다 더 앞서서 사람이 살 수 있는 기지를 건설했다면 자국의 영토라고 주장할 수 있는 근거가 된다.

뭉치 수학왕 전 40권

"인공지능(AI) 시대의 힘은 수학에서 나온다!"

정가 480,000원

개념 수학 〈1단계〉① 양치기 소년은 연산을 못한대(수와 연산) ② 견우와 직녀가 분수 때문에 싸웠대(수와 연산) ③ 헨젤과 그레텔은 도형이 너무 어려워(도형) ④ 쉿! 신데렐라는 시계를 못 본대(측정) ⑤ 알쏭달쏭 알라딘은 단위가 헷갈려(측정) ⑥ 떡장수 할머니와 호랑이는 구구단을 몰라(규칙성) ⑦ 아기 염소는 경우의 수로 늑대를 이겼어(자료와 가능성) ⑧ 개념 수학 1단계-백점맞는 수학 문장제 〈2단계〉⑨ 가우스, 동화 나라의 사라진 0을 찾아라(수와 연산) ⑩ 가우스는 소수 대결로 마녀들을 물리쳤어(수와 연산) ⑪ 앨린, 분수와 소수로 악당 히들러를 쫓아내래(수와 연산) ⑫ 오일러와 피노키오는 도형총 대회 1등을 했어(도형) ⑬ 오일러, 오즈의 입체도형 마법사를 찾아라(도형) ⑭ 유클리드, 플라톤의 진리를 찾아 도형 왕국을 구하라(도형) ⑮ 아르키는 어림하기로 걸리버 아저씨를 구했어(측정) ⑯ 페르마, 수리수리 규칙을 찾아라(규칙성) ⑰ 피보나치, 수를 배열해 비밀의 방을 탈출하라(규칙성) ⑱ 파스칼은 통계 정리로 나쁜 왕을 혼내줬어(자료와 가능성) ⑲ 개념 수학 2단계-백점맞는 수학 문장제 〈3단계〉⑳ 약수와 배수로 유령 선장을 이긴 15소년(수와 연산) ㉑ 입체도형으로 수학왕이 된 앨리스(도형) ㉒ 원주율로 떠나는 오디세우스의 수학 모험(측정) ㉓ 비례배분으로 보물섬을 발견한 해적 실버(규칙성) ㉔ 로미오와 줄리엣이 첫눈에 반할 확률은?(자료와 가능성) ㉕ 개념 수학 3단계-백점맞는 수학 문장제

융합 수학 ㉖ 쌍둥이 건물 속 대칭축을 찾아라(건축) ㉗ 열차와 배에서 배수와 약수를 찾아라(교통) ㉘ 스포츠 속 황금 각도를 찾아라(스포츠) ㉙ 옷과 음식에도 단위의 비밀이 있다고?(음식과 패션) ㉚ 꽃잎의 개수에 담긴 수열의 비밀(자연)

창의 수학 ㉛ 퍼즐탐정 셜렁홈즈1-외계인 스콜피오스의 음모 ㉜ 퍼즐탐정 셜렁홈즈2-315일간의 우주여행 ㉝ 퍼즐탐정 셜렁홈즈3-뒤죽박죽 백설공주 구출 작전 ㉞ 퍼즐탐정 셜렁홈즈4-'지지리 마란드러'의 방학숙제 대작전 ㉟ 퍼즐탐정 셜렁홈즈5-수학자 '더하기를 모테'와 한판 승부 ㊱ 퍼즐탐정 셜렁홈즈6-설국언차 기관사 '얼어도 달리능기라' ㊲ 퍼즐탐정 셜렁홈즈7-해설 및 정답

개념 사전 ㊳ 수학 개념 사전 1(수와 연산) ㊴ 수학 개념 사전 2(도형) ㊵ 수학개념사전 3(측정/규칙성/자료와 가능성)